産経NF文庫
ノンフィクション

来日外国人が驚いた
日本絶賛語録

ザビエルからライシャワーまで

村岡正明

潮書房光人新社

まえがき

世界有数の自動車生産国であるこの国は、かつて、駕籠《かご》と人力車の国でした。黒船に動顛した国民がいま、宇宙のかなたに小惑星探査機を飛ばし、人類共通の夢であった生命誕生劇の解明に挑んでいます。この国を、マンガやアニメの国と見る人もいます。多大な戦禍をもたらした危険な国と言う人もいます。漢字や儒教や仏教の輸入以来、熱心に異文化の摂取に努めた国でありながら、日本らしさを失わない不思議な国と評する人もいます。いずれにせよ、これほど多様な顔を見せつづけてきた国は、他に存在しないのではないでしょうか。

私たちの暮らすこの国は、世界のなかで、どんな国なのか。日本の文化は、どんな特質をもっているのだろう。この国をつくったのは、どんな人びとだったのか。

私たちの心によぎるこうした問いを解く鍵として、異国人ならではの目と耳でつづった来日外国人の見聞記にまさるものはありません。日本人の暮らしを身近に見た彼らが、自国や自国民とくらべつつ抱いた率直な感慨は、私たち日本人に、日本人や日本国をふりかえらせるまたとない手がかりです。

現在の私たちは、過去の日本人と違うのか。違わないのか。いまの日本人は、ザビエルの頃、ペリーの頃、明治・大正の頃から、変わったのか。変わっていないのか。変わっていないとすれば、それはどんな点なのか。

ここに採り上げた証言は、限られた人びとの声にすぎませんが、それでも、なかに、「これはいまも変わらないなあ」と心に響く感懐があるとすれば、なににせよ、それが良くも悪しくも日本人の心の根っこ、日本人のアイデンティティーであり、すくなくともその一端であると言えるのではないでしょうか。

百二の証言は、時代も違えば、出身国も違い、来日の目的も、社会的な階層も異なる人びとの表白です。ザビエルの報告書のように、公表を前提に国際的な視野で日本人を洞察した室町末期の見聞記もあれば、アメリカ人英語教師ベーコン嬢の私信のように、日本の手拭いの美しさに魅せられた明治期の感想や、ロシア人宗教家ニコライの雑誌記事のように、江戸で見かけた町娘たちの立ち読みに触発されて日本の識字率の高さをヨーロッパやロシアと比較した論考や、駐日フランス大使クローデルの、京都の庭園の添え木から日本芸術の源泉を探った大正期の講演など、さまざまです。その多くが、日本人なら気に留めないありふれた些事に着目した、異国人ならではのかけがえのない証言です。織田信長の日常を知るイエズス会士フロイスの記した人物評なども、他では得られない史料です。一度も来日できなかったにもかかわらず、葛飾北斎の浮世絵やフランスの小説『お菊さん』を通して、だれよりも深く日本人の心奥に共鳴したオランダ人画家ゴッホの手紙も、例外的に採り上げました。

これらの証言を厳密に読み解くためには、そのひとつひとつに多くの時間をかけて、それらが書かれた時代背景や筆者の生い立ち、母国と日本での生活環境の違いなどなど、かぎりない詮索が必要でしょう。

個々の証言についての詳解は、ひかえます。そして、証言そのものをそのまま読者にゆだねます。証言者の紹介を最小限にとどめたのも、そのためです。

これらの証言をどう読むかは、読者のかたがた、おひとりおひとりにおまかせします。それは読者の特権です。これらの証言が、しばしのあいだでも、読者御自身がわが身、わが国、わが国の文化をふりかえり、なにかしらの想いにふけるきっかけになってくれるなら、これにすぎる編者の喜びはありません。

村岡正明

来日外国人が驚いた　日本絶賛語録——目次

来日外国人が驚いた　日本絶賛語録

――ザビエルからライシャワーまで

第一章　ザビエルが驚いた　1〜13

聡明で創造力旺盛

文明開化のはるか以前、戦国の世に宣教師が見た
世界最高レベルの識字率と知的ポテンシャル

1◯私の見た最も傑出した国民

「西紀一五四九年八月の聖母の祝日に、私達は鹿児島に上陸した。ここは、聖信のパウロ（ザビエルをインドのゴアから日本まで案内した日本人パウロ・ヤジローのこと。編者注）の故郷であって、私達は直《ただ》ちにその家族や知人達から、心からなる歓待を受けた。

そこで私は、今日まで自ら見聞し得たことと、他の者の仲介によって識《し》ることのできた日本のことを、貴兄等に報告したい。先《ま》ず第一に、私達が今までの接触に依って識ることのできた限りに於《お》いては、此《こ》の国民は、私が遭遇した国民の中では、一番傑出している。私には、どの不信者国民も、日本人より優れている者は無いと考えられる。日本人は、総体的に、良い素質を有し、悪意がなく、交って頗《すこぶ》る感じがよい。彼等の名誉心は、特別に強烈で、彼等に取っては、名誉が凡《すべ》てである。日本人は大抵《たいてい》貧乏である。しかし、武士たると平民たるとを問わず、貧乏を恥辱だと思っている者は、一人もいない。

彼等には、キリスト教国民の持っていないと思われる一つの特質がある。――それは、武士が如何《いか》に貧困であろうとも、平民の者が如何に富裕であろうとも、その貧乏な武士が、富裕な平民から、富豪と同じように尊敬されていることである。（中略）日本人の生活には、節度がある。（中略）住民の大部分は、読むことも書くこともできる。これは、祈りや神のことを短時間に学ぶための、頗る有利な点である。日本人は妻を一人しか持っていない。窃盗は極めて稀である。死刑を以《もっ》て処罰されるからである。彼等は盗みの悪を、非常に憎んでいる。大変心の善い国民で、交わり且《か》つ学ぶことを好む。

神のことを聞く時、特にそれが解《わか》る毎《ごと》に大いに喜ぶ。私は今日まで旅した国に於てそれがキリスト教徒たると異教徒たるとを問わず、盗みに就《つ》いて、こんなに信用すべき国民を見たことがない。獣類の形をした偶像などは祭られていない。大部分の日本人は、昔の人（釈迦と阿弥陀。訳者注）を尊敬している。私の識り得た処《ところ》に依《よ》れば、それは哲学者のような人であったらしい。国民の中には、太陽を拝む者が甚《はなは》だ多い。月を拝む者も居る（神道をいう。訳者注）。しかし、彼等は、皆、理性的な話を喜んで聞く。また、彼等の間に行われている邪悪は、自然の理性に反するが故《ゆえ》に、罪だと断ずれば、彼等はこの判断に、双手を上げて賛成する」『聖フランシスコ・デ・サビエル書簡抄（下）』アルーペ神父・井上郁二訳、岩波文庫、一九四九。p.26-28

※フランシスコ・ザビエル　一五〇六～一五五二。一五四九（天文十八）年、日本に初めてキリスト教を伝えたスペイン人イエズス会宣教師。鹿児島上陸二ヵ月半後のこの証言は、西欧人による日本人についての最初の公式報告である。

2○生来の善徳と品性

「外国人は日本に数ケ月いた上で、徐々に次のようなことに気がつき始める。即ち彼は日本人にすべてを教える気でいたのであるが、驚くことには、また残念ながら、自分の国で人道の名に於て道徳的教訓の重荷になっている善徳や品性を、日本人は生れながらに持っているらしいことである。衣服の簡素、家庭の整理、周囲の清潔、自然及びすべての自然物に対する愛、あっさりして魅力に富む芸術、挙動の礼儀正しさ、他人の感情に就いての思いやり……これ等は恵まれた階級の人々ばかりでなく、最も貧しい人々も持っている特質である」『日本その日その日（1）』石川欣一訳、平凡社東洋文庫、一九七〇。p.40

※エドワード・シルヴェスター・モース　一八三八〜一九二五。アメリカの動物学者。一八七七（明治十）年に東大の生物学・動物学教師として来日、初めて生物学講座を開く。ダーウィンの進化論を日本に紹介し、大森貝塚を発見。一八八〇年帰国。翌々年再び来日した。

3〇世界無比の識字率

「子どもの就学年齢はおそく七歳あるいは八歳だが、彼らはそれだけますます迅速に学習する。民衆の学校教育は、中国よりも普及している。中国では民衆の中でほとんどの場合男子だけが就学しているのとちがい、日本ではたしかに学校といっても中国同様私立校しかないものの、女子も学んでいる。日本では、召使い女がたがいに親しい友達に手紙を書くために、余暇を利用し、ぼろをまとった肉体労働者でも、読み書きができることでわれわれを驚かす。民衆教育についてわれわれが観察したところによれば、読み書きが全然できない文盲は全体の一パーセントにすぎない。世界の他のどこの国が、自国についてこのようなことを主張できようか?」『エルベ号艦長幕末記』金森誠也・安藤勉訳、新人物往来社、一九九〇。p.89-90

※ラインホルト・ヴェルナー　一八二五〜一九〇九。プロシヤの海軍士官。日本・中国遠征の際、運送船エルベ号の艦長として活躍し、一八六〇（万延元）年に幕府との間に通商条約を締結しようとするオイレンブルク伯爵使節団の一員として来日。足

かけ三年滞日した。

4○世界一読書好きな国民

「街頭に娘が二人立ちどまって、一冊の本の中の絵を見ている。一人が、いま買ったばかりのものを仲良しの友だちに自慢して見せているのだ。その本というのが、ある歴史小説なのだ。もっとも、この国では本はわざわざ買い求めるまでもない。実に多くの貸本屋があって、信じ難い程の安い料金で本は借りて読めるのである。しかも、こちらからその貸本屋へ足を運ぶ必要がない。なぜなら、本は毎日、どんな横町、どんな狭い小路の奥までも、配達されるからである！　試みにそうした貸本屋を覗《のぞ》いてみるがよい、そこに諸君が見るのは、ほとんど歴史的戦記小説ばかりである。（それが長きにわたった内乱訌争《こうそう》の時代によって養われた、民衆の嗜好《しこう》なのである。）しかも、手垢《てあか》に汚れぬまっさらの本などは見当らない。それどころか、本はどれも手擦《てず》れしてぼろぼろになっており、ページによっては何が書いてあるのか読みとれないほどなのだ。日本の民衆が如何《いか》に本を読むかの明白なる証拠である。

読み書きができて本を読む人間の数においては、日本はヨーロッパ西部諸国のどの国にも退《ひ》けを取らない。（ロシアについては言うも愚かだ！）日本の本は、最も幼稚な本でさえ、半分は漢字で書かれているのに、それでなおかつそうなのである。漢字の読み方を一通り覚えるだけでも、三、四年はたちまち経ってしまうというのに！それなのに日本人は、文字を習うに真《まこと》に熱心である。この国を愚鈍と言うことができるだろうか？」―『ニコライの見た幕末日本』中村健之介訳、講談社学術文庫、一九七九。p.14-15

※ニコライ（俗名イワン・ヂミートリエヴィチ・カサートキン）

一八三六～一九一二。ロシア正教会の宣教師。日本ハリストス正教会大主教。一八六一（文久元）年、箱館のロシア領事館付司祭として来日。宣教活動に従事し、一九一二年東京で永眠。神田駿河台の「ニコライ堂」で知られる。

5○西欧文明国に立ち優る教育の普及

「もし文明という言葉が物質文明を指すなら、日本人はきわめて文明化されていると答えられるだろう。なぜなら日本人は、工芸品において蒸気機関を使わずに達することのできる最高の完成度に達しているからである。それに教育はヨーロッパの文明国家以上にも行き渡っている。シナをも含めてアジアの他の国では女たちが完全な無知のなかに放置されているのに対して、日本では、男も女もみな仮名と漢字で読み書きができる」『シュリーマン旅行記――清国・日本』石井和子訳、講談社学術文庫、一九九八。p.167

※ハインリッヒ・シュリーマン 一八二二〜一八九〇。ドイツの考古学者。ロシアで手がけた藍《あい》の商いで財をなし、一八六四年世界漫遊に出立。翌（慶応元）年、幕末期の日本に三ヵ月間滞在した。一八七一年トロア遺跡を発掘、さらにミケナイ文明の発見者となった。自伝に『古代への情熱』がある。

6〇過去に根を張っている芯の強さ

「日本が、（明治維新を敢行しようとして。編者補）かくも多くの新思想と新制度をまるごと呑みこむ能力を、外国人たちはしばしば呆然として驚き眺めるのみであった。彼らは日本の変容を皮相と断じ、西欧式への転向が、はたして永続するかどうかを疑った。この誤解は、彼らが次の二点を理解していないから起るのである——一つは日本人の性格の芯《しん》の強さであり、この特殊な民族は古くから学問教育を連綿として続けており、新しい光り（西洋文明の意。編者注）に直面しても眼が眩《くら》むようなことはなかったのである。第二の点は、歴史上の数多くの事例を一つ加えることになるのだが、偉大なる歴史上の変化というものは、決して一朝一夕に起るものではない。そして、過去にしっかりと根をはっている国民のみが、将来において花を咲かせ、果実を結ぶことを期待できるのである。このことを、日本の場合も立証している」『日本事物誌（1）』高梨健吉訳、平凡社東洋文庫、一九六九。p.198

※バジル・ホール・チェンバレン　一八五〇〜一九三五。イギリ

スの日本学者。一八七三（明治六）年に来日、日本語や日本の古典を学び、東大教師となって国語学を講じ、一八九〇年に辞職、一九一一年に帰国した。

7〇創意工夫の才

「物質文明にかんしては、日本人がすべての東洋の国民の最前列に位《くらい》することは否定しえない。機械設備が劣っており、機械産業や技術にかんする応用科学の知識が貧弱であることをのぞくと、ヨーロッパの国々とも肩を並べることができるといってもよかろう。したがってわれわれの方としては、知識を十分にもち、より高度な文明を有しているという強味があり、蒸気と水力による機械をもち、すべての機械設備は驚くほど完全ではあるが、もし日本の支配者の政策がより自由な通商貿易を許し、日本人をしてバーミンガムやシェフィールドやマンチェスター（いずれもイギリスの工業都市。編者注）などと競争させるようになれば、日本人もそれらにひけをとらず、シェフィールドに迫る刀剣や刃物類をつくり出し、世界の市場でマクリスフィールド（マンチェスター近郊の地で、絹製品の産地。訳者注）やリヨン（フランスの絹製品の産地。編者注）と太刀打ちできるだけの絹製品や縮緬《クレープ》製品を産出するだろう、とわたしは信じている。そのさいに、原料と労働力の安価なことは、生来の器用さや技術と相まって、機械の差をおぎなうことであろう。日本人は中国人のような愚かなうぬぼれはあまりもっていないから、もちろん外国製品の摸倣をしたり、それからヒントをえたりすることだろう。中国人はそのうぬぼれのゆえに、外国製品の優秀さを無視したり、否定したりしようとする。逆に日本人は、どういう点で外国製品がすぐれているか、どうすれば自分たちもりっぱな品をつくり出すことができるか、ということを見いだすのに熱心であるし、また素早い」『大君の都（下）』山口光朔訳、岩波文庫、一九六二。p.149-150

※ラザフォード・オールコック　一八〇九～一八九七。イギリスの外交官。幕末の駐日公使。一八五九（安政六）年、日本総領事兼外交代表として来日。翌年特派全権公使となり駐日外交団の指導的役割を果たして、一八六二年に帰国。二年後再び来日

して四国連合艦隊の下関砲撃を主導、同年末帰国した。

8○米国の昆虫学者に比肩する日本の子供たち

「日本人は、米国人が米国の動物や植物を知っているよりも遥かに多く、日本の動植物に馴染《なじみ》を持っているので、事実田舎の子供が花、きのこ、昆虫その他類似の物をよく知っている程度は、米国でこれ等を蒐集《しゅうしゅう》し、研究する人のそれと同じなのである。日本の田舎の子供は、昆虫の数百の『種』に対する俗称を持っているが、米国の田舎の子供は十位しか持っていない。私は屢々《しばしば》、彼の昆虫の構造上の細部に関する知識に驚いた」『日本その日その日（3）』石川欣一訳、平凡社東洋文庫、一九七一。p.39

※エドワード・シルヴェスター・モース 一八三八〜一九二五。

アメリカの動物学者。一八七七（明治十）年、東大の生物学・動物学教師として来日、初めて生物学講座を開く。ダーウィンの進化論を日本に紹介し、また大森貝塚を発見。一八八〇年帰国。翌々年再び来日。

9○中庸と思慮深さを体得した国民

「われわれは怒りの感情を大いに表わすし、また短慮をあまり抑制しない。彼ら（日本人。編者注）は特異の方法でそれを抑える。そしてきわめて中庸を得、思慮深い」

『ヨーロッパ文化と日本文化』岡田章雄訳注、岩波文庫、一九九一。p.194

※ルイス・フロイス　一五三二〜一五九七。ポルトガルのイエズス会宣教師。日本伝道のため一五六三（永禄六）年に来日。日本副管区長から『日本史』の編述を命ぜられる。秀吉の伴天連《バテレン》追放令の後マカオに退去したが再び来日し、長崎で没。三十五年間布教し、信長との会見は十八回に及んだ。

10○日本人が編み出した集団生活の知恵

「日本人が編み出した集団生活上の伝統と知恵とは、日本人の性格を、うわべをみる限りは人当たりがよく、温和なものに作り上げることに寄与した。彼らと比べた際には、欧米人は感情を平気で表に出すという点で、いささか荒っぽく、予測不能で人間として練《ね》れていないようにみえる」『ザ・ジャパニーズ』國弘正雄訳、文藝春秋、一九七九。p.140

※エドウィン・オールドファザー・ライシャワー　一九一〇～一九九〇。米国の日本研究家・外交官。ハーバード大学教授、米国駐日大使。東京生まれ。一九六一（昭和三十六）年、ケネディ大統領に懇望されて駐日大使に就任、すぐれた調整役を果たし、また六〇年代の欧米の日本研究に多大の影響を与えた。

11○死を賭すほどの知識欲

「午前二時頃、汽船ミシシッピ号上の夜間当直の士官は、舷側についたボートからの声に驚かされた。そして舷門に行って見ると、すでに舷側の梯子《はしご》を登った二人の日本人（吉田松陰たち。編者注）を発見した。話をしかけると、乗船を許され度《た》いと云《い》う希望を現わす手真似をした。（中略）

士官が彼等の現われたことを提督（ペリー。編者注）に報告した。提督は両人と相談させるため、及び時ならざるに訪問した目的を知るために、通訳を寄越した。彼等は率直に、自分達の目的は合衆国へつれて行って貰《もら》いたいのであり、世界を旅行し見聞し度いと云う希望を合衆国で充たし度いのだと打ち明けた。（中略）彼等は教養ある人達で、支那官語 the mandarin Chinese を流暢《りゅうちょう》に形美しく書き、その態度も鄭重《ていちょう》で極めて洗練されていた。提督は来艦の目的を知るや、自分は日本人をアメリカへつれて行き度いと思うこと切であるけれども、両人を迎えることが出来ないのは残念であると答えた。（中略）

この事件は、同国の厳重な法律を破らんとし、又知識を増すために生命をさえ賭《と》そうとした二人の教養ある日本人の烈《はげ》しい知識欲を示すもので、興味深いことであった。日本人は疑《うたがい》もなく研究好きの人民で、彼等の道徳的並びに知識的能力を増大する機会を喜んで迎えるのが常である。この不幸な二人の行動は、同国人の特質より出たものであったと信ずるし、又人民の抱いている烈しい好奇心をこれ以上によく示すものはない。ところでその実行は、最も厳重な法律と、それに違反させないようにするための絶えざる監視とによってのみ抑えられているのである。日本人の志向がかくの如くであるとすれば、この興味ある国の前途は何と味のあるものであることか、又附言すれば、その前途は何と有望であることか！」『ペルリ提督日本遠征記（四）』フランシス・L・ホークス編、土屋喬雄・玉城肇訳、岩波文庫、一九五五。p.60-64

※**マチウ・カルブレイス・ペリー**　一七九四〜一八五八。アメリカの海軍提督。一八五二年、東インド艦隊司令長官・駐日合衆国特派使節に補せられ、日本の開国を要求して、一八五三（嘉永六）年浦賀に入港。幕府に米大統領親書を受領させ、翌年日米和親条約の締結を実現した。

12〇気の置けない最上の同居人

「しかしそれにもかかわらず――これほどまでに私は再びヨーロッパに帰りたいとの憧憬《しょうけい》に燃えているとはいえ――私は重い心をもって日本の地を去ることであろう。私はこの地の人間が好きである。私は彼らから受けたすべての好《よ》きものと、また彼らの間で送った二十有五年――これけだし決して軽々にみるべからざるものである！――に亙《わた》る殆《ほとん》ど曇《くもり》なき幸福なる生活とに対して彼らに感謝している。かの地へ帰っても私はこの地で慣れ来った様々のもののないのを最初は物足らず感ずるであろう。私が私の友人や学生から離れがたく感ずるということはもとより解しやすい。が、しかし私はなおまたこの地において見る種類の人間を、特にここで見る三つの種類の中の一つ――即ち低い扁平《へんぺい》な鼻を有《も》った純蒙古人種的なる、それ自身においては決して美しいとは言われない、しかも私にはきわめて同情のできる、聡明な、快活な、人懐《ひとなつ》っこい、温情ある、そして同時に抜目《ぬけめ》のない人間を見ることのできないのが物足りないであろう。これらの人々を私は常に自分の側《そば》に置いていたいと思う。家人または同居人としては、私は彼らよりもさらによき、さらに物静かな、さらに要求するところ少きかついずれの点においても気の置けない人間を知らない。彼らが往々我ら（外人）やまた彼ら同士を瞞著《まんちゃく》したり、欺《あざむ》いたりするようなことがあっても――それも大抵瑣細《ささい》な事である――、それくらいの事は言うに足りないではないか！　その遣方《やりかた》もきわめてナイーヴである、そうして彼らはその欺瞞《ぎまん》的行為を隠蔽《いんぺい》したりもしくは弁解せんと努めるようなことはきわめて少い、それであるから彼らに対して真面目《まじめ》に腹を立てるなどということは実際できないのである。――それから病人の世話をしたり看病したりするには、日本人は、その親《した》しみある性質と、その辛抱強いことと、その優しいかつ器用な手先の故に、まさに理想的に完全なる資格を具《そな》えている。――日本人は忘恩だ不信だと言って往々批難する者がある。これ私が、私の日本においては経験しなかったところである。私はむしろその反対を経験した」『ケーベル博士随筆集』久保勉訳編、岩波文庫、一九二八。p.75-76

※ラファエル・ケーベル　一八四八～一九二三。ドイツの哲学者。一八九三（明治二十六）年に東大講師として来日。以来一九一四年まで二十一年間西洋哲学を講じ、西田幾太郎・和辻

哲郎・夏目漱石・阿部次郎などの弟子たちに深い影響を与えて、帰国前に逝去。雑司ケ谷墓地に葬られた。

13○自国の文化を見なおしてもらいたい

「教育を受けた日本人が、自分の国で認めている信仰を恥に思うのは、奇妙なことである。

日本がヨーロッパの思想に関心を寄せるようになったとき、先駆的役割を果たした日本人は、私の考えでは、うわべだけをみて劣等感に陥いるという誤りを犯したのだ。確かに彼らは、まだ蒸気を使用した工場も理工科学校（フランスを代表する一七九四年創設の理工科教育機関。編者注）も持っていなかった。しかし何とすばらしいものを彼らは持っていたのか。それらを理由なく放棄しているのだ。日本は日本の風習をあまり信用していない。日本はあまりにも急いで、その力と幸を生み出してきたいろいろな風俗、習慣、制度、思想さえも一掃しようとしている。日本は恐らく自分たちのを見なおすときがくるだろう。私は日本のためにそう願っている」『ギメ東京日光散策・レガメ日本素描紀行』青木啓輔訳、雄松堂出版、一九八三。p.69

※**エミール・ギメ** 一八三六〜一九一八。世界有数の東洋美術コレクションを誇るパリのギメ東洋美術館の創設者。一八七六（明治九）年に画家フェリックス・レガメとともに来日、三ヵ月滞在した。

第二章　ベルツとモースが驚いた

礼儀正しく親切、治安のよさ　14～24

『魏志倭人伝』にすでに「盗窃せず、諍訟少なし」

日本は古来、世界最高レベルの安心安全な国だった

14○世界一の安寧

「日本の家屋は紙と華奢《きやしや》な木で造られているのに、泥棒が少ない。われわれが住んでいた野毛山（現・横浜。編者注）は人里離れた場所で、住んでいる人が外国人であれば、盗人が侵入しても仕方がなかったのだが、いろいろな物を置いていたにもかかわらず、実際には、機械も書籍も衣類もお金も一番無意味なものまでも盗まれることはなかった。幾度か単身で、武器も持たず、見ず知らずの人力車夫に案内されて、夜間、それもどこかに祝祭があったので遠く人里離れたところまで、その習慣を観察するために、市内を駆け回った。しかし、暴力沙汰《ざた》に遭遇したこともなければ、侮辱を受けたこともなかった。何の被害も受けずに、このような振舞いができる国など世界のどこにあろうか」『ディアス・コバルビアス日本旅行記』大垣貴志郎・坂東省次訳、雄

松堂出版、一九八三。p.200-201

※フランシスコ・ディアス・コバルビアス　一八三三〜一八八九。メキシコの天文学者。一八七四（明治七）年にメキシコ天体観測隊の隊員五名を率いて、米・仏の観測隊とともに金星の太陽面経過観測のために来日。横浜・野毛山の観測所で成功を収め、翌年帰国した。

15○驚嘆すべき親切と礼儀正しさ

「ヨーロッパの多くの国々や、わがイギリスでも地方によっては、外国の服装をした女性の一人旅は、実際の危害を受けるまではゆかなくとも、無礼や侮辱の仕打ちにあったり、お金をゆすりとられるのであるが、ここでは私は、一度も失礼な目にあったこともなければ、真に過当な料金をとられた例もない。群集にとり囲まれても、失礼なことをされることはない。馬子《マゴ》は、私が雨に濡れたり、びっくり驚くことのないように絶えず気をつかい、革帯や結んでいない品物が旅の終るまで無事であるように、細心の注意を払う。旅が終ると、心づけを欲しがってうろうろしていたり、仕事をほうり出して酒を飲んだり雑談をしたりすることもなく、彼らは直《ただ》ちに馬から荷物を下し、駅馬係から伝票をもらって、家へ帰るのである。ほんの昨日のことであったが、革帯が一つ紛失していた。もう暗くなっていたが、その馬子はそれを探しに一里も戻った。彼にその骨折賃として何銭《セン》かをあげようとしたが、彼は、旅の終りまで無事届けるのが当然の責任だ、と言って、どうしてもお金を受けとらなかった。彼らはお互いに親切であり、礼儀正しい。それは見ていてもたいへん気持ちがよい」（米沢盆地にて）『日本奥地紀行』高梨健吉訳、平凡社東洋文庫、一九七三。p.117

※イザベラ・バード　一八三一〜一九〇四。イギリスの女性世界旅行家。一八七八（明治十一）年五月に来日、東北・北海道を旅行し、同年十二月に帰国。一八九四年から翌年にかけて再び滞日した。

16○捕虜への同情

「我われが通過した村々では、隊長も村民も、概して我われに親切にしてくれた。村に入るときや、また出発のときはどこでも我われを見ようとして集まった老若《ろうにゃく》の男女に取り囲まれた。しかし誰一人として我われに侮辱を加えたり嘲笑《ちょうしょう》したりする者はなく、みんなおよそ同情のまなざしで見、なかには心から憐憫《れんびん》の情を浮かべる者もあり、殊《こと》に女たちにそれが多かった。我われが喉《のど》の渇きを訴えると、先を争って世話をしようとした。我われに何かご馳走《ちそう》したいと護送兵に願い出る者がたくさんいて、許可を得るや否《いな》や、酒や菓子や果物やそのほか何かと持って来てくれた。隊長たちも一再《いっさい》となく上等の茶と砂糖をよこしてくれた」『日本俘虜実記（上）』徳力真太郎訳、講談社学術文庫、一九八四。p.118

※**ワシーリイ・ミハイロヴィッチ・ゴロウニン**　一七七六〜一八三一。ロシアの海軍士官。一八一一（文化八）年、ディアナ号艦長として国後島（クナシリ島）測量中、松前藩に部下六名とともに捕らえられ、箱館に護送監禁された。二年三ヵ月後

に高田屋嘉兵衛と交換で釈放され帰国した。

17○例えようもない花見の眺め

「隅田《スミダ》川沿岸の向島《ムコージマ》へ遠乗りした。ここは今日、民間の祭礼の特徴をあますところなく示している。向島は、だいたい散在した村落といってもいいような所だが、川の左岸にあってかなり水際に接して延びた長い堤によって水害を防いでいる。この堤に桜が植えてある。右側平地には茶屋、寺院、美しい庭のある民家がつらなっている。桜の花の時期はまた、向島の華やかな季節でもある。全東京市民が向島巡りをやるのだ。そして、今日の日曜日こそ、まさにそのクライマックスである。せいぜい四メートルの幅しかない堤の上をうごめく人の群は、眼を疑うほどだ。われわれは馬で行ったのに、人力車《ジンリキシャ》と同様、極めてゆっくりとしか進めなかったが、それでもすっかり満足だった。というのは、高い位置にいる大きい利点により、周囲の見晴しを存分にたのしむことができたからである。まあ、何という眺めだろう！　左手には春の太陽に輝く大きい流れと、滑るように走る無数の小舟、頭上には本当に小枝も見えないほどぎっしり花でおおわれた樹木、足もと一帯には色とりどりの人の群。しかもこれらの人々が、今日の日曜日は平日とすっかり違っているのだ。日頃はあまり美しいとは思わない女の人たちが、今日はこうまで魅力的なのだ——殊《こと》に、鮮かな絹の着物、風雅な変化にとむ色彩の配合、白く化粧した顔、きらきらする髪飾りのごく若い娘たちがそうだ。それに、入り乱れて行きかうすべてが、何と静粛で整然としていることだろう。乱暴な行為もなければ、酔漢の怒鳴り声もしない——行儀のよさが骨の髄までしみこんでいる国民だ」（明治十二年四月六日の日記）『ベルツの日記・第一部（上）』トク・ベルツ編、菅沼龍太郎訳、岩波文庫、一九五一。p.55-56

※エルヴィン・ベルツ　一八四九～一九一三。ドイツの医学者。一八七六（明治九）年、日本政府の招聘《しょうへい》で来日。東京医学校（東京大学医学部の前身）教師となり、以後三十年間滞日して日本の医学の発達に寄与、「日本の近代医学の父」と呼ばれる。

18○落書きのない国

「人力車に乗って田舎を通っている間に、徐々に気がついたのは、垣根や建物を穢《きた》なくする記号、ひっかき傷、その他が全然無いことである。この国には、楽書《らくがき》の痕《あと》をさえとどめた建物が、一つもない。而《しか》も労働者達は、我国のペン、あるいは鉛筆ともいう可《べ》きヤタテを持って歩いているから自分の名前や、気に入った文句や、格言を書こうと思えばいくらでも書けるのである。私はこのことを、我国の人々のこの点に関する行為と比較せざるを得なかった。我国の学校その他の建築物がよごれていることは、この傾向を立証している」『日本その日その日（1）』石川欣一訳、平凡社東洋文庫、一九七〇。p.176

※エドワード・シルヴェスター・モース　一八三八〜一九二五。

アメリカの動物学者。一八七七（明治十）年に腕足類を研究する目的で来日、東大に初めて生物学講座を開く。ダーウィンの進化論を日本に紹介し、また大森貝塚を発見。一八八〇年に帰国し、二年後に再び来日した。

19〇日本人のほほえみ

「一見してどんなに魅力的であっても、オデオン座で上演されたジュディト・ゴーチエ夫人の日本を主題にした作品に彼女がつけた『ほほえみを売る女』という題名を良いと思ったことはまったくなかった（夫人はフランスの詩人・小説家・劇作家で、この戯曲は一八八八年の作。編者注）。日本のほほえみは、売られるのでなくて、ただで与えられるものなのだ。それはすべての礼儀の基本になっていて、生活のあらゆる場で、それがどんなに耐え難く、悲しい状況であっても、このほほえみがどうしても必要なのである」『ギメ東京日光散策・レガメ日本素描紀行』青木啓輔訳、雄松堂出版、一九八三。p.239

※フェリックス・レガメ　一八四四〜一九〇七。パリの装飾美術学校および建築専門学校でデッサンを指導したフランス人画家。一八七六（明治九）年にエミール・ギメとともに来日し、

二十三年後に再び来日した。

20○絶えない笑顔

「村の中で子ども達が我々の後を追ってきた。赤児をおぶった子も大ぜいいるが、彼らは平気で道を往来し、仲間の子らと一緒に遊んでいる。女性達は概《おおむ》ね上半身が裸のまま仕事の手を休め、我々の通行を眺めている。我々が『オハヨー！　サヨウナラ！　ボン・ジュール！　アデュー！』というと、彼らも丁寧に挨拶《あいさつ》を返し、中には大地に跪《ひざまず》く者さえいた。そしてみんなで大笑いをするのだ。笑いは日本人の礼儀作法の一つである。道すがら出会う人びとはみな気持ちがよく、顔に笑いをたやさない」『ボンジュール・ジャポン――青い日の見た文明開化』幸田礼雅訳、新評論、一九九二。p.91

※**エドモン・コトー**　一八三三～一八九六。フランスの旅行記作家。当時フランスで好評を博していた『世界旅行』誌の特別寄

稿家として活躍した。南北アメリカ・インド・シベリアなどを経て、一八八一（明治十四）年八月から三ヵ月間、日本各地を訪れた。

21○日本の力の根源

「一つのことが、この国の巷《ちまた》で目につく。街に人はあふれているが、いっこうに騒々しくはない。人びとは大声で話すことを知らないかのようである。日本では子どもでさえ泣きわめかないということだが、ここに来てから、一人の子どもも泣き叫んでいるのを見かけない。街を自動車で行くとき、ときどき手押し車（往時の日本の通りには、大八車やリヤカーなどが主として運搬車として往来していた。訳者注）などに道を妨げられることがあるが、そんなときにも車の運転手は静かに道の開くのを待ち、互いに罵《ののし》り合ったり、大声で叫んだりすることはない。通りで不意に自転車が車の前にとびだしてきて、倒れそうになったとき、わたしたちの国の運転手だったらそんなとき、自転車の人に不必要な罵詈《ばり》を浴びせかけずにはおかないだろうが、ここでは、人びとはそんなことは気にもかけない。当地に住むベンガル人に聞いた話では、自転車どうし、または自動車と自転車が衝突して血を流すようなことがあっても、双方ともに大声をだしてわめくことなく、服の塵《ちり》をはらって立ち去るそうである。

これが日本の力の拠《よ》って来たる根源であると、わたしは考える」『タゴール著作集（第十巻）』「日本紀行」森本達雄訳、第三文明社、一九八七。p.442

※ラビンドラナート・タゴール　一八六一～一九四一。インドの文学者。ベンガル民話や日常生活を題材としてインド文学に新生命を開き、一九一三年にノーベル文学賞受賞。一九一三（大正二）年以後四度来日した。

22○曲技飛行の見物料

「青山に於《お》ける最初の飛行の翌日余は一円紙幣を封入せる一通の書面を受取った、書面の趣《おもむき》は発信人は自分の屋根から余の飛行を見物した、併《しか》し相当の入場料を払わずに見物することは穏当でないと思うというのであった。

其後尚《そののちなお》幾つか同様の書面が来た。

米国において数百万の人々は相当の入場料を払わずに余の飛行を見物した、即《すなわ》ち飛行場以外の所から余の飛行を見物した、併し一人として場外から見物したからというて入場料を払うとした者はなかった。

余は金円を封入せる此《かか》る書面を受取って一方《ひとかた》ならず喫驚《きっきょう》した、而《そ》して此《この》正直なる人々の意志を尊敬すると同時に亦《また》意外の感に打たれざるを得なかった。

正直は何《いず》れの国に於《おい》ても教えられる、我々凡《すべ》ては幼少の時より正直であるべく教えられた、併し余は聞かんことを願う、日本以外他の何れの国民が自分の家から余の飛行を見た時に果《はた》して金を送って寄越すであろうかと、否《いな》余は他の国民は金を送って寄越す程正直ではあるまいと思う。

国民をして此《か》くも厳密に正直ならしめたるは是《こ》れ全く日本の教養の至高至深なる所以《ゆえん》である。

併し余は此等深切《しんせつ》にして正直なる人々の手紙に封入して送付せる金を納めることは

出来なかった、而して全部これを返送した、只《ただ》、其書面は日本国民の修養並びに正直なる観念の如何《いか》に日本に於て高くあるかを表明する証拠として秘蔵しつつある」『日記から』佐々木弦雄訳編、新橋堂、一九一六。p.76-78

※アート・スミス　一八九一～没年未詳。アメリカの曲技飛行家。一九一四年、サンフランシスコ博覧会で宙返り飛行に成功後、一九一六（大正五）年来日。四ヵ月の滞在期間中に各地で五十六回公演し、多くの日本人を驚嘆させた。

23〇日本の警察官

「日本の警察がいかに称賛すべきか、彼らがいかにもの静かで威厳に満ち、しかもいたる所にいてくれるか、あなたには想像できないでしょう。とにかく、少しでも困ったことがあれば、いつでも手近にいて（他国には存在しない『交番』が日本にはあったためか？　編者注）、声をかけることができますし、しかも愛想がよいのです。私の考えでは、その愛想のよさは、日本人と、イタリア人——お役所以外のところでの！——だけに独特のものであると思われます」（一八八九年八月三十一日付の手紙）
『英国公使夫人の見た明治日本』横山俊夫訳、淡交社、一九八八。p.85

※メアリー・クロファード・フレイザー　一八五一〜一九二二。ローマに生まれ、パリ・ニューヨークなども歴訪したイギリス人女性。英国外交官夫人となって北京・ウィーン・サンティアゴに滞在後、一八八八（明治二十一）年に来日し、一八九四年まで滞日。夫を青山墓地に埋葬して帰国。一九〇六年再び訪日。

24○悔いなき永住

「私は予想よりも遥《はる》かに永く日本に滞在した。どうして？　理由は多くて、一つ一つ挙げきれない。まず戦前は外国人にとって生活がやさしかった。われわれは、いろいろの旅行をすることができた。たとえば、私は一九三五年には北京を訪ねたし、友人の一人は台湾へ渡って全島旅行をした。日本の国内については、私は四国以外はほとんど全日本を旅行した。ツーリスト・ビューロー（そこに何人かの古い生徒がいた）のおかげで、私は便利に旅行できた。日本へ私をとどめた別の理由は、日本人の親切な性格である。私は誰にも恨みを感じたことはなかった。同時に、東京ではフランスにおけるよりも多くの外国人と交際する機会に恵まれた。ベルギー人、スイス人、イタリー人、ハンガリー人、イギリス人、オーストラリア人、カナダ人、それにもちろんアメリカ人など諸々の国の人の間に私は友人や知己を見つけた。心理学を好む者にとっては、それは興味にみちた交際であろう。

さらに日本で見られる或る種の絵画的風物を挙げなければならない。太鼓を叩きながら大股に歩いてゆく巡礼者や、戸口から戸口へ大きな貝を吹きながら鈴をふってゆく巡礼者にめぐり会ったとき、いかに私が中世にいるような感じになったかを想い起すのである。（中略）

思い浮ぶままに記してみたが、結論として私はこういわねばならない。二十余年間日本にとどまったことに悔いを感じていないと。そして、もし祖国フランスへ帰るならこの『日の昇る島』ですごした年月をいつまでも歓《よろこ》びをもって想い起すであろうと

（一九四九年）」『東京のシルエット』酒井傳六訳、法政大学出版局、一九五四。p.47-50

※ノエル・ヌエット　一八八五～一九六九。フランスの詩人。パリ大学文学部卒業。一九二六（大正十五）年、静岡高等学校講師として来日。一九二九年帰国。翌年再び来日、一九四七年まで東京外国語学校講師。東大・早大・学習院などでもフランス語・フランス文学を教えた。

第三章　クラーク博士が驚いた　25～36

無二の勤勉と職人技

誰もが匠の手で奇跡を創り出す民族

ペリーは幕末に〝ライバル工業国〟を予見した

25○強力なライバル工業国

「実際的及び機械的技術に於《お》て日本人は非常な巧緻《こうち》を示している。そして彼等の道具の粗末さ、機械に対する知識の不完全を考慮するとき、彼等の手工上の技術の完全なことはすばらしいもののようである。日本の手工業者は世界に於ける如何《いか》なる手工業者にも劣らず練達であって、人民の発明力をもっと自由に発達させるならば日本人は最も成功している工業国《マニュファクチャーリング・ネーションズ》民に何時《いつ》までも劣ってはいないことだろう。他の国民の物質的進歩の成果を学ぶ彼等の好奇心、それを自らの使用にあてる敏速さによって、これ等人民を他国民との交通から孤立せしめている政府の排外政策の程度が少いならば、彼等は間もなく最も恵まれたる国々の水準にまで達するだろう。日本人が一度文明世界の過去及び現在の技能を所有したならば、強力な競争者として、将来の機械工業の成功を目指す競争に加わるだろう」『ペルリ提督日本遠征記（四）』フランシス・L・ホークス編、土屋喬雄・玉城肇訳、岩波文庫、一九五五。p.127-128

※マチウ・カルブレイス・ペリー　一七九四〜一八五八。アメリカの海軍提督。一八五二年、東インド艦隊司令長官・駐日合衆国特派使節に補せられ、日本の開国を要求して、一八五三（嘉永六）年浦賀に入港。幕府に米大統領親書を受領させ、翌年日米和親条約の締結を実現した。

26◯ヨーロッパ最高の職人をも打ちのめした技量

「私はS・駒井（京都在住。編者注）の作ったシガレット・ケースを持っている。その蓋《ふた》の上についている図柄は、松の木の上に一羽の鷲《わし》が止っていて、二羽の小鳥が近くに侵入してきたのに怒って、羽を逆立てている図である。小鳥たちは木の上に敵が隠れているのを知らなかったのだが、今それに気がついて、口を開けて恐怖の鳴声を上げている。

鷲と松の木は濃淡様々な金で見事に細工されており、松の枝には銀の雪が厚く積り、雪がぱらぱらと舞っている。鳥の羽根や松の葉が一枚一枚克明に象《かたど》られて、鉄の中に打ち込まれている。松の木の肌には、驚くほど自然に、その模様が浮き出ている。裏蓋の上には、火を吐く龍が怒ってのたうち回っている図柄がついている。龍は様々な色合いの金で象嵌《ぞうがん》され、鱗《うろこ》の一枚一枚は別々に細工されている。蓋の内側には、山頂に銀の雪を被《かぶ》り、金で縁取《ふちど》りされた富士山の絵が細工されていた。

この美しい日本の工芸品は、いくら見ていても決して見飽きないほどであったが、私がその真価を本当に認識したのは、スペインで最も有名な象嵌細工の工房として知られているトレドの大きな刀剣製造所を訪問してからのことである。ある日私は象嵌細工をしている部屋に入っていって、ケースを取り出し、職人の長の机の上にそれを置いた。その男は驚きの叫び声を上げてそれを手に取り、一目見るや否や、一言も言わずにそれを持って、もう一つの部屋に入っていった。

五分後に彼は五、六人の他の男たちを連れて戻ってきた。彼らは方々《ほうぼう》の部門の長であった。この熟練した職人たちは、半時間ほど拡大鏡でケースを微に入り細に入り調べ上げて、溜息をつきながら今までこれほどの品物を見たことがない、意匠の美しさにおいても仕上げの完璧《かんぺき》なことにおいても、これに匹敵するような技術を持った者はスペインには一人もいないと言った。その日以来、この美しいシガレット・ケースは私にとってなお一層貴重な品物となった。それはその価値に対する私の評価が間違っていなかったことが、ヨーロッパの最高の専門家によって確認されたからである」

『英国人写真家の見た明治日本』長岡祥三訳、講談社学術文庫。二〇〇五。p.87-88

※ハーバート・ジョージ・ポンティング　一八七〇～一九三五。

イギリスの写真家。一九〇二（明治三十五）年頃以来三度来日。その間日露戦争にも従軍。滞日通算三年間。一九一〇～一九一二年にスコット大佐の南極探検にカメラマンとして同行したことで知られる。

27○ヨーロッパも太刀打ちできない職人芸

「すべての職人的技術においては、日本人は問題なしにひじょうな優秀さに達している。磁器・青銅製品・絹織り物・漆器・冶金一般や意匠と仕上げの点で精巧な技術をみせている製品にかけては、ヨーロッパの最高の製品に匹敵するのみならず、それぞれの分野においてわれわれが模倣したり、肩を並べることができないような品物を製造することができる、となんのためらいもなしにいえる」『大君の都（下）』山口光朔訳、岩波文庫、一九六二。p.177

※ラザフォード・オールコック　一八〇九～一八九七。イギリスの外交官。幕末の駐日公使。一八五九（安政六）年、日本総領事兼外交代表として来日。翌年特派全権公使となり駐日外交団の指導的役割を果たして、一八六二年に帰国。二年後再び来日して四国連合艦隊の下関砲撃を主導、同年末帰国した。

28○天才的な資質

「日本人の天才的資質は、小さな物において完全の域に達する。茶碗、お盆、湯わかしをも美術品に作りあげる方法、さらに、象牙製の小さな擬宝珠《ぎぼうしゅ》を奇妙な気分の縮図に変えてしまう方法、鉛筆を数回書きなぐって、一瞬の間に浮んでは消える思想を表現する方法――これらを日本人の半分もよく知っている国民はいない」『日本事物誌(1)』高梨健吉訳、平凡社東洋文庫、一九六九。p.30

※**バジル・ホール・チェンバレン** 一八五〇～一九三五。イギリスの日本学者。一八七三(明治六)年に来日、日本語や日本の古典を学び、東大教師となって国語学を講じ、一八九〇年に辞職、一九一一年帰国した。

29○正確無比の匠の技

「大工が、一本の材木の上に立って、剃刀《かみそり》のような切れ味の刃に、ひん曲った柄のついたこの道具（手斧《ちょうな》。編者注）を威勢よく振い、裸足の足指から一インチと離れていない木材の表面を削り取ってゆく姿を見れば、気の弱い人ならはらはらするだろう。しかし、足の指を失《な》くしたり、この道具を振り下ろす目測を誤まったために受けたと思われる傷痕がある大工を見かけたことがないことは、この重宝な道具の使用にあたり、日本の大工が正確無比であることの何よりの証左といえよう」『日本人の住まい』齋藤正二・藤本周一訳、八坂書房、一九九一。p.58

※エドワード・シルヴェスター・モース　一八三八〜一九二五。
アメリカの動物学者。一八七七（明治十）年、東大の生物学・動物学教師として来日、初めて生物学講座を開く。ダーウィンの進化論を日本に紹介し、また大森貝塚を発見。一八八〇年帰国。翌々年再び来日。

30〇世界一道具を大切にする国民

「日本ほど道具類が高価でまた多種多様な国はどこにも見当らない。道具類は、この国では、それぞれの職人によって別々に製作される。日本国民以上に諸道具に対して大きな価値を認めている国民はどこにもない。われわれは最も簡単な大工職人、煉瓦《れんが》職人からガラス研師《とぎし》、時計師にいたるまで、どこを訪ねても、いたるところで、道具に対して最大の注意が払われていることを見出すのである。錆《さ》びやすく破損しやすいものは、どれも竹の筒すなわち鞘《さや》に収めて保管されてある。また鋼鉄すなわち鉄製品だけでなく、木製品でさえもやはり同じように清潔に手入れをしてある。日本の職人たちは、全般的に見て、長い人は、毎日一時間余りを自分の道具の手入れのために費やしていると言っても差支《さしつか》えない」『日本風俗備考（2）』庄司三男・沼田次郎訳、平凡社東洋文庫、一九七八。p.131-132

※ファン・オーフルメール・フィッセル　一八〇〇～一八四八。オランダ人。一八二〇（文政三）年から一八二九年まで約九年

間、長崎出島のオランダ商館に勤務した。

31○職人の矜持

「数年前のことだが、京都の自分の家で仕事をしている年取った陶器の絵付職人が、ある日、神戸の外国商人の店を訪ねた。店に入った彼は持ってきた品物を見てほしいと言って許しを得ると、包みを開いて十余りの小箱をとり出し、さらに箱の一つ一つから精密な絵を描いた見事な陶器をとり出した。それを床の上にそっと並べると、傍に跪《ひざまず》いて、一つずつ慎重に調べた。品物全部が値踏みされ、それぞれに値段がつけられると、商人は足でそれを指しながら、『全部買えば、どれだけ引くのかね？』と言った。年取った職人は、怒りに燃えた目つきでさっと立ち上がると、『どんなにお金を積んでも、決してお売りできません』と言って、素早く品物を包み、一礼して一言も言わずに出ていった。

この出来事を私に話してくれたのは、そのとき面喰《めんくら》った商人の友人であった。日本の家では、足を使って物を指し示すほど大きな侮辱はない。日本では陶器の絵付職人といえども、厳格な礼儀作法を守る環境に生まれ育っている。だから彼は、自分が何週間もの間、精魂を傾けた作品が、こんな侮辱を受けたのを見て、愛情こめた品物をそんなに軽々しく考える者の手に渡すくらいなら、むしろ一切売るのをやめたほうが良いと思ったのだ」『英国人写真家の見た明治日本』長岡祥三訳、講談社学術文庫、二〇〇五。p.93-94

※ハーバート・ジョージ・ポンティング 一八七〇〜一九三五。

イギリスの写真家。一九〇二（明治三十五）年頃以来三度来日。その間日露戦争にも従軍。滞日通算三年間。一九一〇〜一九一二年にスコット大佐の南極探検にカメラマンとして同行したことで知られる。

32○稲妻のように速い日本人の素描力

「たとえ物価が高くても南仏に滞在したいわけは、次の通りである。日本の絵が大好きで、その影響を受け、それはすべての印象派画家たちにも共通なのに、日本へ行こうとはしない――つまり、日本に似ている南仏に。決論（原文ママ）として、新しい芸術の将来は南仏にあるようだ。（中略）

君が当地にしばらく滞在できるとうれしい、君はそれをすぐに感じとり、ものの見方が変って、もっと日本的な眼でものをみたり、色彩も違って感じるようになる。長い期間滞在するとすれば、確かに自分の性格も変ってしまうだろう。

日本人は素描をするのが速い、非常に速い、まるで稲妻のようだ、それは神経がこまかく、感覚が素直なためだ」『ゴッホの手紙（中）（テオドル宛）』J・V・ゴッホ―ボンゲル編、硲伊之助訳、岩波文庫、一九六一。p.105

※フィンセント・ウィレム・ファン・ゴッホ　一八五三～一八九〇。

オランダ人画家。日本の浮世絵の技法に深い影響を受けた。一八八八年に本人が日本に見立てた南仏の町アルルに移住。近代絵画の発展に大きな影響を与えた。

33○日本料理は芸術の美

「閑雅な座敷で日本料理を味《あじわ》うのは、同時に『芸術』を『味う』ことでもある。日本割烹《かっぽう》の板前は見る眼に美しいものを創造する芸術家だ。一つびとつの料理がそれぞれ特別の容器に盛られている美しさは眼を驚かすばかりである。清純な味いと鮮麗とを兼ねた佳饌《かせん》は、一幅の静物画さながらだ」（一九三四年五月二十三日の日記）『日本――タウトの日記――1934年』篠田英雄訳、岩波書店、一九七五。p.289

※ブルーノ・タウト　一八八〇～一九三八。ドイツの建築家。一九三三（昭和八）年から一九三六年まで滞日。この間桂離宮に日本建築の粋を認め、著書『日本美の再発見』『日本の家屋と生活』などにより日本の文化を国際社会に紹介した。

34○見ならうべき農業技術

「実際的農業において日本人は驚くほど巧みです。そして、私達が見倣《みなら》ってもよい数多くの方法や習慣を有しています。他のどんな国に行っても一エーカー当たりの食糧生産量において、また雑草の少なさにおいて、土地が世代から世代へと肥沃《ひよく》さを完全に維持することにおいて、あるいは、理解力のある旅行者の目を魅了することにおいて日本の田畑以上の田畑は見つかりません」（帰国後の一八七八年の講演）太田雄三著『クラークの一年——札幌農学校初代教頭の日本体験』昭和堂、一九七九。p.254

※**ウィリアム・スミス・クラーク**　一八二六〜一八八六。札幌農学校（北海道大学の前身）の初代教頭として一八七六（明治九）年来日。内村鑑三・新渡戸稲造らに強い感化を与えた。離日の際の惜別の辞「青年よ、大志を抱け」は有名。

35◯万能の和紙

「日本では紙には無数の用途がある。フランスで知られている使用法の他、人びとはハンカチがわりに使ったり、信じ難いほどの耐久性を与えて革の代用にする。また小像、造花、ナプキン、雨合羽、番傘、絹まがいの生地、紐、はては蒸気機関の運動を伝えるベルトに至るまで軽くて丈夫な、ありとあらゆる類《たぐ》いの用具を造ってしまう。日本の紙がとびぬけて丈夫な理由は、パルプをつくる際中味となる自然の強靭《きょうじん》な繊維や皮層を砕いてしまわない点にある」『ボンジュール・ジャポン――青い目の見た文明開化』幸田礼雅訳、新評論、一九九二。p.124

※エドモン・コトー　一八三三〜一八九六。パリ生まれの世界旅行家。若くして紀行文寄稿家としてデビュー、当時流行のフランスの雑誌『世界旅行』の特別寄稿家として活躍した。南北アメリカ・インド・シベリアなどを経て、一八八一（明治十四）年八月から三ヵ月間日本各地を訪れた。

36○信じられないほど多様な竹の活かし方

「人間のさまざまな必要をみたすために、あらゆるところに竹を利用することは、日本人の発明工夫の才のすばらしい成功例です。水を引く時にはかならず竹が用いられています。幾本もの空洞の茎は、きっちり頑丈に継ぎあわせることができるのです。水筒や、水盤、箱、湯呑みなども、節ごとに、しっかりしたしきりをもつ種類の竹から、そのしきりと節間を活用してつくられます。この種の竹の成長したものは、美しく磨いたり彫刻をほどこしたりするのに適します。それから、やはり竹を用いた、建築上の数寄《すき》や庭園の装飾、精巧な格子細工なども、人目を驚かせ、またそれだけ魅力的でもあります。じつにこれらすべての材料がただ一種の植物でまかなわれているということは、ほとんど信じられないほどです。（中略）竹の葉の方も、挙げきれないほどの用途があり、新しい竹の芽（タケノコ。訳者注）も、すばらしい菜になります」『英国公使夫人の見た明治日本』横山俊夫訳、淡交社、一九八八。p.100-101

※メアリー・クロファード・フレイザー 一八五一〜一九二二。

ローマ生まれで、パリ・ニューヨークなども歴訪したイギリス人女性。英国外交官夫人として北京・ウィーン・サンティアゴに滞在後、一八八八（明治二十一）年に来日し、一八九四（明治二十七）年まで滞日、夫を青山墓地に埋葬して帰国した。一九〇六年に再来日。

第四章　タゴールが驚いた
国民的な芸術性とユニークな宗教観
37〜49

日本に憧れ、日本人に生まれ変わりたいと念じた
ゴッホが見抜いた〝真の宗教〟

37○日本人が教えてくれる真の宗教

「日本の芸術を研究してみると、あきらかに賢者であり哲学者であり知者である人物に出合う。彼は歳月をどう過しているのだろう。地球と月との距離を研究しているのか、いやそうではない。ビスマルク（普墺・普仏戦争に勝利し鉄血宰相と呼ばれたドイツの政治家。編者注）の政策を研究しているのか、いやそうでもない。彼はただ一茎の草の芽を研究しているのだ。

ところが、この草の芽が彼に、あらゆる植物を、つぎには季節を、田園の広々とした風景を、さらには動物を、人間の顔を描けるようにさせるのだ。こうして彼はその生涯を送るのだが、すべてを描きつくすには人生はあまりにも短い。

いいかね、彼らみずからが花のように、自然の中に生きていくこんなに素朴な日本人たちがわれわれに教えるものこそ、真の宗教とも言えるものではないだろうか。日本の芸術を研究すれば、誰でももっと陽気にもっと幸福にならずにはいられないはずだ。われわれは因襲的な世界で教育を受け仕事をしているけれども、もっと自然に帰らなければいけないのだ」『ゴッホの手紙(中)(テオドル宛)』J・V・ゴッホ―ボンゲル編、硲伊之助訳、岩波文庫、一九六一。p.274

※フィンセント・ウィレム・ファン・ゴッホ　一八五三〜一八九〇。オランダ人画家。近代絵画史に不滅の足跡を残す巨匠だが、生前は不遇に終始した。日本の浮世絵の技法と日本文化に強烈な影響を受け、晩年に南仏アルルに移住したのも、そこが日本の気候に似ていると信じたためであった。

38○全国民に浸透している美意識

「日本人は美の王国を全面的に手に入れた。彼らは、どこにあっても、目に入るものはなにひとつおろそかにはしないし、無視することもない。いたるところで、（見ることの）修行を完全なものにしてきた。他の国では、有能で鑑賞眼のある人たちのあいだにのみ、美を味わう能力が見られるが、この国では、全国民のあいだにそれがひろがっている。ヨーロッパでは、万人のために普通教育がおこなわれ、またその多くの国々では、国民に軍事教練が普及しているが、世界の他のどこでも、この国に見られるような国民的美意識の修行が浸透しているところはない。ここでは、国民全体が美の前に降服してしまっているのだ」『タゴール著作集（第十巻）』「日本紀行」森本達雄訳、第三文明社、一九八七。p.456-457

※ラビンドラナート・タゴール　一八六一〜一九四一。インドの文学者。ベンガル民話や日常生活を題材としてインド文学に新生命を開き、一九一三年にノーベル文学賞受賞。一九一三（大正二）年以後、四度来日した。

39○美意識は日本人の本能

「どうして、日本人は安物をこんなにも美しく作れるのかわかりません。多くの品物は、美しいから使われるのではなく、安いから使われるのです。たとえば、非常に粗《あら》い生地でできた紺と白の手拭《てぬぐ》いは、一ヤード一セントから五セントで買えるので、人夫や車夫たちに使用され、けっして美的な物とか飾り物とは考えられていません。でも、手拭いはとても見事な美しいデザインが描かれており、人夫が使うことを考えなければ、家庭用の装飾品として何にでも使えると思います。

私の頭に浮かぶ疑問は『こうした手拭いを作る職人たちは、買い手が手拭いが美しかろうと全然問題にしていないのに、なぜ、これほどまでに美しいデザインの品物を作り続けるのだろうか』ということです。いろいろと考えてみたのですが、私の結論は次のようなものです。

日本の職人は、本能的に美意識を強く持っているので、金銭的に儲《もう》かろうが関係なく、彼らの手から作り出されるものはみな美しいのです。自分の手仕事が認められなくても、美しく作らざるをえないのです。陶器についても同じで、安物でも高価な物でも同じように美しく装飾がほどこされています。庶民が使う安物の陶器を扱っているお店に行くと、色、形、装飾には美の輝きがあります。

私は、こうした本能的な美意識がどれくらいその原因となっているのか、そして庶民の優しさ、魅力にどのような影響を与えているのかはわかりませんが、いまアメリカやイギリスで始められている、大都会に住む貧しい人々の美意識を啓発しようという運動は、この国にはまったく必要ないことだけはたしかです。ここ日本では、貧しい人の食卓でさえも最高級の優美さと繊細さがあります。たとえば、顔をふく手拭いでさえも、午後のお茶用のナプキンに使えるほど美しいし、彼らの着物は、優雅で芸術的で着心地よくできています」『華族女学校教師の見た明治日本の内側』久野明子訳、中央公論社、一九九四。p.175-176

※アリス・マベル・ベーコン　一八五八〜一九一八。アメリカの女性教育者。一八八八（明治二十一）年、大山捨松と津田梅子の推薦で、華族女学校教師として来日。翌年いったん帰国したが、一九〇〇年、津田梅子の女子英学塾（のちの津田塾大学）設立のため再び来日し、二年間英語教育に携わった。

40○異文明の特異な活かし方

「周知のごとく、日本人は(多くの点から見て根本的に異なっている)近隣の国民から、征服による圧迫もないのに、その全道徳・倫理体系とともに、国語と文学を、かれらじしんのものとして採用した。それでいて、受容した文明に張り合う文明と、はっきりした国民性と、力強く発達した独立の精神とをもっている。こういう国民は、日本人だけだ」『大君の都(上)』山口光朔訳、岩波文庫、一九六二。p.258-259

※ラザフォード・オールコック 一八〇九〜一八九七。イギリスの外交官。幕末の駐日公使。一八五九(安政六)年、日本総領事兼外交代表として来日。翌年特派全権公使となり駐日外交団の指導的役割を果たして、一八六二年に帰国。二年後再び来日して四国連合艦隊の下関砲撃を主導、同年末帰国した。

41○審美眼で日本をしのぐ国はない

「地球上に日本人のような人種は他にない。日本人は哲学的精神の研究の対象である。日本人は審美眼のある人種である。美しいものを好むが、またグロテスクなものをも好んでいる。美術の方面、たとえば青銅の作品、陶磁器製造法、園芸などにおいて日本人をしのぐほどの他の国民はない」（一八八六年十一月二日の手紙）『ヘボンの手紙』高谷道男編訳、有隣堂、一九七六。p.211

※ジェイムス・カーチス・ヘボン　一八一五～一九一一。アメリカ人宣教師・医師・語学者。一八五九（安政六）年に来日、神奈川で伝道と施療に従うかたわら、一八六七年に日本初の和英辞典『和英語林集成』を完成、滞日三十三年の後一八九二年に帰国した。「ヘボン式ローマ字」で知られる。

42○世界一のネイチャーアート民族

「この地球の表面に棲息《せいそく》する文明人で、日本人ほど、自然のあらゆる形況を愛する国民はいない。嵐、凪《なぎ》、霧、雨、雪、花、季節による色彩のうつり変り、穏かな河、とどろく滝、飛ぶ鳥、跳ねる魚、そそり立つ峰、深い渓谷——自然のすべての形相は、単に嘆美されるのみでなく、数知れぬ写生図やカケモノに描かれるのである。東京市住所姓名録の緒言的各章の中には、自然のいろいろに変る形況を、最もよく見ることの出来る場所への案内があるが、この事実は、自然をこのように熱心に愛することを、如実に示したものである」『日本その日その日（1）』石川欣一訳、平凡社東洋文庫、一九七〇。p.223

※エドワード・シルヴェスター・モース　一八三八〜一九二五。

アメリカの動物学者。一八七七（明治十）年、東大の生物学・動物学教師として来日、初めて生物学講座を開く。ダーウィンの進化論を日本に紹介し、また大森貝塚を発見。一八八〇年に帰国、翌々年再来日した。

43○子どもにも独自の鑑識眼

「朝、滝へ行った。途中、私の前を行く日本の少年たちの発想をほめずにはいられなかった。彼らは紅葉狩《もみじが》りをしていた。といっても、拾《ひろ》いあつめるのではなく、単にながめるだけである。彼らはしばらく立ち止まり、一本の木が紅葉するのを愛《め》では、その美しさについて議論していた。つぎに、山あいの景色が彼らをとらえた。一人の少年は、粗《あら》い樹皮の大きなマツの輪郭にとりわけ興味をもった。彼にとって、その形状が芸術的あるいは幻想的に見えたようだ。ここ日本では、芸術的とは『幻想的』であることとなのだ。視覚能力の鋭い彼らが見るものは、われわれにはほとんど信じられない。

われわれならなんの注意もはらわないような石も、たちまち日本人の目をとらえる。彼らは皿に入れた少量の砂とともにそれを家に持ち帰り、ごつごつした岩の海岸かなにかに仕立てあげるだろう。そのあげくに、それを自分でながめるのである。しかし、そんな石をもとめて河原をあさっても、われわれヨーロッパ人では、まず一つも見つけられないであろう」『ゴードン・スミスのニッポン仰天日記』荒俣宏・大橋悦子訳、小学館、一九九三。p.141-142

※リチャード・ゴードン・スミス　一八五八〜一九一八。イギリスのナチュラリスト。一八九八（明治三十一）年十二月に初来日、翌年一月に帰国したが、博物的好奇心に駆られて一九〇〇年に再度来日し、一九〇七年まで滞在。同年日本の生物相解明に尽くした功績により勲四等旭日小授章を授与された。

44○床の間が生み出す完璧な調和

「日本間《にほんま》に入ってもっとも驚嘆させられることは、さまざまの器物の色合いと部屋自体とのあいだにみられるあの調和と対照とである。錦織《ブロケイド》模様を施して表装した画幅と、その画幅を掛けてある床の間のあの静かな落ち着いた色調とのあいだには、つねにもっとも洗練された調和がある。咲き匂う桜花の一枝が、この床の間という高貴な場所の沈静な色合いに精気を添えるとき、その色合いは、自然物が持つ優美かつ健康的な色彩に見事な対照をなす背景となる！　日本間の全般的な色調は、花一輪、清雅な一幅の絵、陶器の一片、あるいは古い青銅製置物を完璧《かんぺき》にまで引き立てる。同時に、高価で見事な金塗りの逸品が、これら簡素な事物の中に宝石のように輝いている。――しかもその場の色彩の調和が乱れることがない」『日本人の住まい』齋藤正二・藤本周一訳、八坂書房、一九九一。p.326-327

※**エドワード・シルヴェスター・モース**　一八三八〜一九二五。アメリカの動物学者。一八七七（明治十）年、東大の生物学・動物学教師として来日、初めて生物学講座を開く。ダーウィンの進化論を日本に紹介し、また大森貝塚を発見。一八八〇年帰国、翌々年再来日した。

45○滅びてほしくない文明

「私が断じて滅びないことを願う一つの国民がある。それは日本人だ。あれほど興味ある太古からの文明は消滅させてはならない。日本は驚くべき発展をしたが、それは当然で、他の如何《いか》なる国民にもこれ程の資格はない。彼らは貧乏だ、しかし高貴だ、あんなに人口が多いのに」（第二次世界大戦中、日本の敗色が濃厚になりつつあった一九四三年に、クローデルがフランスの詩人・思想家ポール・ヴァレリーに語った言葉）。市原豊太著『言霊の幸ふ国』神社新報社、一九八六。p.94

※ポール・クローデル　一八六八〜一九五五。大正時代の駐日フランス大使。劇作家・詩人。一九二一（大正十）年〜二五年と二六〜二七年に駐日大使在任。その詩劇には能や歌舞伎の手法も取り入れられている。

46○すべてが神

「初めから日本人は、自分たちを取り巻いている自然に驚嘆していた。日本人は慈悲深い大地と、魚がたくさんいる海を崇拝した。神々が彼らを幸福にしてくれるのだと心底から考えた。熱と、光と、肉体の喜びや見る喜びを与えてくれ、目の前で汁気の多い果物を熟させ、足元には見事な花を咲かせ、網の中においしい魚を投げ入れる超自然の力に、彼らは大いに感謝していることを示した。そこで日本人は黙想し、手を合わせ、頭を下げて礼拝したのだ。誰を、何をだって？……すべてをだ！」『ギメ東京日光散策・レガメ日本素描紀行』青木啓輔訳、雄松堂出版、一九八三。p.103

※エミール・ギメ　一八三六～一九一八。世界有数の東洋美術コレクションを誇るパリのギメ東洋美術館の創設者。一八七六（明治九）年に画家フェリックス・レガメとともに来日、三ヵ月ほど滞在した。

47○森羅万象に宿る神々への畏敬

「私が最初に京都を訪れたとき、この比類のない都市の魅力をなす美しい庭園の一つを散策しながら、倒れかけた大きな松の木が、恭《うやうや》しくあてがわれた一種の巨大な松葉《まつば》杖《づえ》によって支えられているのを見て、私の心はどんなに強く捉えられ動かされたか今でもなお思い出します。この木はアメリカやヨーロッパの人間にとって、板をとるための原材か、風景の中の曖昧《あいまい》な端役《はやく》に過ぎないのかもしれません。だが、ここではまさしく一つの生きた存在であり、一種の植物の『お爺さん』なのであって、それに対して人々は親孝行の気持にも似た助けの手を差し伸べていたのです。桁《けた》はずれに大きい木や、絵のように姿の整った岩がしめなわで飾られているのは本当によく目にすることですが、そのしめなわによって木や岩は『カミ』のものの列に加わり、訪れる人々がそれに払う注意やその存在について抱く感謝の気持を明示することになるのです。親しかった動物が死ぬようなことがあれば、それをお寺に持って行き、お坊さんにネンブツ〔念仏〕を唱えてもらう。その生命がどんなに慎ましいものであろうと、死に赴くとき神仏に委《ゆだ》ねるに値しない命はないのです。猫いらずを売る商人は自分の薬によって殺されたねずみたちのために供養《くよう》を営み、文具商は役に立たなくなった古い筆を供養します。なかでも最も心やさしいのは、先日新聞で読んだことですが、東京の木版画師たちの組合が、自分たちの芸術のために使った桜の木に敬意を表して厳《おごそ》かな儀式を催したという話です。

皆さんのお国の芸術の密《ひそ》かな力をなしているのも、この敬虔《けいけん》な崇敬の感情であり、優しさに満ちた厚情の中で被造物《ひぞうぶつ》全体と心を交わす感情なのです」『朝日の中の黒い鳥』内藤高訳、講談社学術文庫、一九八八。p.30-32

※ポール・クローデル　一八六八〜一九五五。大正時代の駐日フランス大使。劇作家・詩人。一九二一（大正十）年〜二五年と二六〜二七年に駐日大使在任。独自の見地から日本文化をフランスに紹介した。その詩劇には能や歌舞伎の手法も取り入れられている。

48○池上本門寺の米兵供養

「アメリカ市民にとって、池上は特異な関心をそそる土地である。一八七〇年（明治三年。訳者注。以下同様）一月二十三日のことだった。東京湾の入口近く（浦賀沖）で米軍艦オネイダ号は、Ｐ＆Ｏ汽船会社（イギリス）所属船ボンベイに衝突され、乗り組みの将兵もろとも沈没した。その際、われわれの（アメリカ）政府は、遭難した自国艦を引き揚げようともせず、また、捜索しようともしないで、あげくのはてに一五〇〇ドルで日本のサルベージ会社に売却してしまった。同社の作業員らは、沈没した軍艦の肋材《ろくざい》の間に、死亡者の遺骨を大量に発見したのだ。そして、作業の完了した時、進んでお金を出し合い、池上（本門寺）の地に、死者が末永く記憶に留められるようにと記念碑を建立した。一八八九年（明治二十二年）五月、この場所で仏式のセガキ（施餓鬼）――餓えたる精霊にご馳走すること――が行われた。それは感銘深いものであった。本門寺全体が儀式のよそおいに包まれた。豪奢《ごうしゃ》きわまる法衣をまとった僧侶七十五人が供養の応援を勤め、会衆には、米艦隊の提督と士官、それに百名の下士官、兵の姿が見られた。また、海難当時オネイダ号から脱出したただ一隻のボートに乗っていて助かった乗組員の一人も参列した。

　聖典が朗読され、聖歌が詠唱され、サンスクリット経典が繰り返し読まれた。香が焚《た》かれ、象徴としての蓮《はす》の葉が祭壇の前に投げられた。アメノモリ氏が英語で挨拶《あいさつ》を述べ、施餓鬼なるものを説明した。この後、僧侶の列は境内の記念碑まで進み、そこで再び祈禱《きとう》を唱え、香を焚くのであった。

　以上は筆者の見聞した美挙であるが、これと似た例をほかの国、ほかの宗教にみいだすことはできない。この勤勉な日本人漁師と沈没船引き揚げ作業員の一同が示した、神に対する敬けん、愛、雅量、寛厚の実例というものを、アメリカ国民は心に留めてもよいのではないか。（米艦オネイダ号の犠牲者の慰霊碑は現在、横浜・山手の外人墓地にある）」『日本・人力車旅情』恩地光夫訳、有隣新書、一九八六。p.176-177

※エライザ・ルアマー・シッドモア　一八五六〜一九二八。アメリカのジャーナリスト・紀行作家。一八八四（明治十七）年頃からたびたび来日し、ワシントン・ポトマック河畔への日本の桜の移植を米大統領に提案し実現した。

49〇類いない手本を世界に与える国

「驚くべき国である！　文化や暮らしのあらゆる分野で、日本はわれわれとはまったく異なる成果を実現した国だ。『君たちの解決法とはまるっきり別の解決法が可能だったのだ。これがそうだ。すでに千年以上の歴史がある！』と告げているかのようである。日本ではすべてが二重なのだ。和洋二通りの暮らし方・旅館とホテル・日本料理と西洋料理・和式洋式の建築・和装と洋装・日本画と西洋画・邦楽と洋楽・日本演劇と西洋演劇・横書きと縦書き・西洋劇と時代劇などなど。しかもそのどれもがわれわれ西欧人を喜ばすためでも観光客目当てでもなく、日本人自身のためなのだ。二か国語を公用語とする国さながら、日本はまさに『二重文明』の国である。（中略）

隠さず打ち明けると、この二重の様式は不思議なほどわれわれをとらえて放さない。それは今後も永い間、西欧世界とは懸絶した由緒ある日本という、別の惑星の健在ぶりを見まもる幸運を与えてくれるだろう。が、同時に、故郷から切り出され独自の伝説あるこの極東に接《つ》ぎ木された『極西』に、われわれのものとは違った、時にはそれさえ上まわるスタイルや成果を目にして愕然《がくぜん》とさせられる。この二重の経験。それはまことに興味深く教えられるところも多いために、日本というこの国が、開国後百年を経てなおいかに西欧から誤解されているか、それに引きかえ、われわれを理解しようといかに精励しているかに気づかされ、恐縮させられることもしばしばである。

（中略）

この国ではいたるところに芸術的な富が鏤《ちりば》められている。良い趣味と美的センスが国中に行きわたり、日ごとに美を生み出している。地方に行けば信じがたいほど民間伝承が生きている。他の国ではもはや思いも寄らぬものとなってしまった洗練された礼節と親切が、あまねく息づいている。

しかし、日出づる国を訪れる人は、そういう日本だけを見て、それだけが日本の美点だと考えてはならない。この本（ギラン著『第三の大国・日本』。訳者注）が第一に解き明かそうとした現代の日本とてさまざまな瑕疵《かし》に欠けはしないが、それを顧慮した上でもなお、日本は結局のところ、今日の世界でもっとも顕著な成功をおさめた国家のひとつである。かくも若返り得たこの古い国、貧しく人口過剰でかつては低開発国であったのに、百年の努力でかくも繁栄するにいたったこの土地、われわれに比肩する能力を示したこのアジアの黄色い民、いやむしろ、これまで工業力産業力を発揮するべく軍事力を放棄する英知を持ちつづけたこの国は、われわれヨーロッパと西欧のすべての民に、楽観の力強い教訓と、果敢のみごとな手本を提示している」

Robert Guillain《Japon, troisième grand》, Éditions du Seuil, 1969, p.358-359。村岡正明抄訳。

※ロベール・ギラン 一九〇八～一九九八。フランスのジャーナリスト。パリ大学で政治学を修め、アヴァス通信社に入社。一九三八（昭和十三）年から戦時中も特派員として東京に留まり、五八年から六二年までル・モンド紙極東総局長として再び滞日した。

第五章　ブルーノ・タウトが驚いた50〜62

はじめて知った自然の美

風土そのものがアート！　山紫水明列島を彩る
四季折々の「花鳥風月」「雪月花」のスペクタクル

50○口もきけないほど美しい日本の樹木

「いったい、日本の国では、どうしてこんなに樹木が美しいのだろう。西洋では、ウメが咲いても、サクラがほころびても、かくべつ、なんら目を驚かすこともないのに、それが日本の国だと、まるで美の奇蹟になる。その美しさは、いかほど前にそのことを書物で読んだ人でも、じっさいに目のあたりにそれを見たら、あっと口がきけなくなるくらい、妖《あや》しく美しいのである。葉はいちまいも見えず、ただもう、一枚の大きな薄い膜をかけたような花の霞《かすみ》なのだ。ひょっとしたら、この神ながらの国では、樹木は遠い世のむかしから、この国土によく培われ、人によくいたわり愛されてきたので、ついには樹木にも魂がはいって、ちょうど愛された女が、男のためには紅鉄漿《べにかね》つけて容《かたち》を美しくよそおうように、樹木もまた心を入れて、礼ごころをあらわすものな

のだろうか」『小泉八雲作品集（5）日本瞥見記（上）』平井呈一訳、恒文社、一九六四。p.42-43

※ラフカディオ・ハーン（小泉八雲） 一八六〇～一九〇四。ギリシャ生まれのイギリス人作家。一八六九年アメリカに渡り、新聞や雑誌に寄稿。一八九〇（明治二十三）年来日して、松江中学、熊本の五高、東京大学、早稲田大学などで文学を教え、一八九五年日本に帰化。五十四歳で没、東京・雑司ケ谷墓地に眠る。

51○世界にまたとない庶民の楽しみ

「人はだれしもこの幸福な島国で、春、とくに桜の季節を京都や東京で過ごすべきだ。その季節には、思い思いに着飾った人々が、手に手をたずさえ桜花が咲き乱れる上野公園はじめ、すべての桜の名所に出掛けてゆく。彼らはその際、詩作にふけり、自然の美と景観を讃美する。ついでながら述べておくが、日本の桜の木は、食用になる果実をつけないが、木そのものはヨーロッパのそれよりも二倍も三倍も大きく、そして花盛りには優雅で華麗な花を咲かせる。男女の学童は桜花が咲き乱れる場所へ旗を何本も立てた柵を作り、そのなかで遊戯を楽しんでいる。色とりどりの風船、凧《たこ》、それに紙製の蝶が空中に飛びかい、その間、目もさめるような美しい着物を着た幼い子どもたちが、色鮮やかな蝶のように、袂《たもと》を翻《ひるがえ》して舞っている。世界の他のどの土地で、桜の季節の日本のように、明るく、幸福そうでしかも満ち足りた様子をした民衆を見出すことができようか？

たんに若者ばかりでなく、老人も花見に出掛け、傍らに即席の藁葺《わらぶき》小屋ができている桜樹の下にたむろする。小さな可愛らしい容器に注がれた茶や酒を飲みつつ、花見客は優雅に箸を使い、キラキラ光る漆器の皿にのっている握り飯や菓子をつまむ。清潔、整頓、上品さがいたるところで見受けられる。優雅さとすぐれたしきたりが調和している有様《ありさま》は、下層の労働者にすら備わっている日本人の美的感覚の発露である。ヨーロッパでは、こうした調和は、ただ最上流階級の人々にしか見出されないであろう」『100年前の日本文化――オーストリア芸術史家の見た明治中期の日本』

金森誠也・安藤勉訳、中央公論社、一九九四。p.34-35

※アドルフ・フィッシャー 一八五六〜一九一四。オーストリアの美術史研究家。アフリカ・アメリカなどを歴訪後、一八九二(明治二十五)年に、画家フランツ・ホーエンベルガーを伴って来日。日本画はもちろん、能や歌舞伎、京都、奈良、鎌倉の古寺などにも深い関心を寄せ、その後も幾度か来日した。

52○桜花、はかなきがゆえに

「桜の花の頃こそ日本人を観察すべき時である。これその牧歌的哀歌的なる天性の最も明かに現れる季節だからである。日本の国民的花は、堅《かた》い、硬《こわ》ばった、魂なき、萎《しぼ》むを知らざる菊ではない、絹のように柔かなる、華奢《きゃしゃ》なる、芳香馥郁《ほうこうふくいく》たる短命な桜花こそ実にその象徴である。日本人はこの美しき花の束《つか》の間《ま》に萎《しぼ》みそうして散りゆくその中に、わが生の無常迅速《じんそく》の譬喩《ひゆ》と、わが美と青春との果敢《はか》なきを見るのである。桜の花を眺めているとき、春のただ中に秋の気分が彼の胸に忍び入る」『ケーベル博士随筆集』久保勉訳編、岩波文庫、一九二八。p.97-98

※ラファエル・ケーベル　一八四八〜一九二三。一八九三（明治二十六）年に東大講師として来日。以来一九一四年まで二十一年間西洋哲学を講じ、西田幾太郎・和辻哲郎・夏目漱石・阿部次郎などの弟子たちに深い影響を与え、帰国前に逝去。雑司ケ谷に葬られた。

53○数え切れない日本の美

「この国の魅力は、下層階級の市井《しせい》の生活にある。素朴な田舎の人びとの親切心にある。日常生活の隅々まで、ありふれた品物を美しく飾る技術、都会の単調を破る公園の桜花、整然と菊花の咲いている庭園に日本の魅力がある。中でも美しい自然の眺めに心を奪われる。——苔《こけ》むす神社に影を落している巨大な杉の樹。言いようもないほど優美な幾何学的曲線を描く円錐形の火山。油断なく飛び石伝いに渡らなければならない渓流。蜘蛛《くも》の糸のように伸びていて一歩踏むごとに震える吊り橋が懸けてある深い谷川。野の花が絨緞《じゅうたん》のように敷きつめ鶯《うぐいす》や雲雀《ひばり》の啼《な》く声が響き渡り、微風が吹いている高原。霧が白い半透明の花輪となって渦を巻いている夏の山。深紅の紅葉と深緑が交錯している谷間。その谷間から上を見上げれば、高く聳《そび》える岸壁は鋭い鋸歯《のこぎりば》状の線を描き、青空を切って走っている。――確かに日本の美しさは、数え上げれば堂々たる大冊の目録となるであろう」『日本事物誌（2）』高梨健吉訳、平凡社東洋文庫、一九六九。p.220-221

※バジル・ホール・チェンバレン　一八五〇〜一九三五。イギリスの日本学者。一八七三（明治六）年に来日、日本語や日本の古典を学び、東大教師となって国語学を講じ、一八九〇年に辞職、一九一一年に帰国した。

54○秋の日本こそ地上の楽園

「春の好日は素晴らしい。緑の衣につつまれた大地を飾り立てる梅と桜の落花の舞い……。だが、もっと素晴らしいのは秋だ。陽光はまろやかに暖かで、野山は壮麗に色付く。空気は清く澄み、そして明るい。日本の夏の暑さは水に流してしまってよい。なにせ、その後に数週間に及ぶ小春日和が控えているのだから。秋分のころ見舞う嵐が過ぎてから四か月間、ぶっ通しこの現象の続くこともしばしばである。富士山がますます白く光ってくる以外に、冬のすさまじさを思いつかせるものはない。空気は人を元気付け、浮き浮きさせ、さわやかにしてくれるばかりである。楓《かえで》の葉が色ばみ始め、バラがその年二回目の開花で、色合いといい、豊潤さ、芳香度といい、一回目の六月よりも見事になる。さあ、秋の日本こそ典型的な地上の楽園だ。谷という谷は黄金色の稲の刈り田を敷きしめ、山腹はどこでも、草木の葉が見事な色合いでもつれる。柿の木は大きな金色の実を枝にぎっしりと付け、うなだれる。海と空はあくまでも青く、富士山の魅力ある姿が西の空を背に光り輝く。黄ばみつつある稲の刈り田の間を、農夫らがあい色の野良着姿で、白いきのこ型の笠をかぶって動き回る。農家の前で男女が穀竿《からざお》を振り振り、むしろに広げた籾《もみ》をたたいている」『日本・人力車旅情』恩地光夫訳、有隣新書、一九八六。p.51-52。

※エライザ・ルアマー・シッドモア　一八五六〜一九二八。アメリカのジャーナリスト・紀行作家。一八八四（明治十七）年頃からたびたび来日し、ワシントン・ポトマック河畔への日本の桜の移植を米大統領に提案し実現した。

55○目も眩む紅葉

「私たち一行は九時三十分に海抜四〇〇〇フィートの高さにある中禅寺（日光。編者注）への登山を開始した。一行の中で、徒歩で行く者あり、馬に乗る者あり、椅子駕《か》籠《ご》に乗る者あり、担架のような普通の駕籠に乗る者ありで様々だった。駕籠を選んだのは私とボナー夫人だったが、西洋人の長い脚にはひどく窮屈だということが分ったので、私は大部分自分の足で歩いた。生まれてからこのかた、これほど華やかな秋の紅葉を私は一度も見たことがなかった。山のどの斜面も全体が深紅色、朱色、洋紅色、緋色、明るい黄色など色とりどりに鮮やかに彩られ、ところどころに杉の濃い緑とほかの様々な木のより明るい緑が入り交っていた。空気に僅《わず》かながら寒気が感じられたが、非の打ちどころのない穏やかな日であった。日の光が滝に当ってきらきら輝き、目の前一杯に広がった目も覚めるような木の葉の色が日に照り映《は》えるのを見ていると、本当に目が眩《くら》むような気がした」（一八九五年十月二十一日の日記）『ベルギー公使夫人の明治日記』長岡祥三訳、中央公論社、一九九二。p.97

※エリアノーラ・メアリー・ダヌタン　一八五八〜一九三五。駐日ベルギー公使夫人。一八九三（明治二十六）年に夫アルベール・ダヌタン男爵が東京に着任して以来、一九一〇年に夫が亡くなるまで十七年間滞日した。日露戦争中は日赤病院の篤志看護婦としても働き、また詩集一冊小説八冊を書いた文筆家でもあった。

56○忘れられない杉並木の参道

「いま私たちが滞在している日光は、筆舌に尽し難いほど美しい。私は大きな杉の木が鬱蒼《うっそう》と茂った並木道を初めて見たときの印象を決して忘れないだろう。この並木は遠い昔の十七世紀に偉大な将軍家康と家光を記念して、富裕な大名たちが植樹したものである。この並木の中でも最も壮大でロマンチックな並木は、有名な家康公の遺骨を安置した青銅製の質素な霊廟《れいびょう》へ通じる青い苔《こけ》むした石の手すりと無数の石段に沿って並んでいる並木である。丈《たけ》の高い杉が暗く生い茂った参道が、墓所の中でも最も慎ましく簡素なこの墓へ通じている。このような参道を作ったのは、何と詩的な着想だろうと私は心を打たれた」（一八九四年八月二十二日の日記）『ベルギー公使夫人の明治日記』長岡祥三訳、中央公論社、一九九二。p.62

※エリアノーラ・メアリー・ダヌタン　一八五八〜一九三五。駐日ベルギー公使夫人。一八九三（明治二十六）年に夫アルベール・ダヌタン男爵が東京に着任して以来、一九一〇年に夫が亡くなるまで十七年間滞日した。

57○富士山を見た異常な興奮

「午後のひととき、公使館のまわりをぶらぶらと歩いていると、不意に、水平線からなだらかに優美な曲線をえがき、白雪をいただく円錐形の山頂がくっきりと天空にそびえ立つ雄大な富士山の全容が、私の目に映った。私は名状しがたい強烈な興奮に駆られた。昨日までは考えもつかぬ狂気にちかい気持の高ぶりであった。そして、その時の異常な興奮はいまもなおその余韻《よいん》がさめやらぬし、おそらく私の生涯の終わりまで消えることはないだろう」ヒュー・コータッツィ著『ある英国外交官の明治維新――ミットフォードの回想――』中須賀哲朗訳、中央公論社、一九八六。p.18

※アルジャーノン・バートラム・フリーマン・ミットフォード

一八三七～一九一六。イギリスの外交官・著述家。英国公使館書記官として一八六六（慶応二）年に来日。一八七三年まで六年間余り、幕府および明治新政府との外交折衝に奔走した。

一九〇六年、英国国王から明治天皇へガーター勲章を捧呈する使節団の随員として三十数年ぶりに来日した。

58〇世界のどの都市も及ばない江戸の景観

「実際、日本人の習慣と嗜好《しこう》は、ヨーロッパ諸国の人びととははなはだしく異なっているので、比較してもほとんど共通する所がない。にもかかわらず、江戸は不思議な所で、常に外来人の目を引きつける特有のものを持っている。江戸は東洋における大都市で、城は深い堀、緑の堤防、諸侯の邸宅、広い街路などに囲まれている。美しい湾は、いつもある程度の興味で眺められる。城に近い丘から展望した風景は、ヨーロッパや諸外国のどの都市と比較しても、優るとも決して劣りはしないだろう。それらの谷間や樹木の茂る丘、亭々《ていてい》とした木々で縁取られた静かな道や常緑樹の生垣などの美しさは、世界のどこの都市も及ばないであろう」『幕末日本探訪記・江戸と北京』三宅馨訳、講談社学術文庫、一九九七。p.204

※ロバート・フォーチュン　一八一二〜一八八〇。イギリスの園芸家。一八六〇（万延元）年とその翌年に二度来日。エディンバラ王立植物園の園丁を経てロンドン園芸協会員。キク、ラン、ユリなど東洋の代表的鑑賞植物を英国に紹介した。

59○東京で一番美しい場所

「『東京でいちばん美しいと思う場所はどこですか？』と私はしばしば聞かれる。そのたびに私は答える、『皇居のお濠《ほり》です』と。まず、私は内濠を思う。九段から歩き出すことにしよう。田安門から三番町へ通ずる濠に沿って進む。そこはかなり美しい場所である。不幸にも、かつては茂っていた多くの樹々は今は見られない。三番町から半蔵門にかけては、とりたてていうべきこともない。しかし半蔵門から桜田門にかけての一帯こそは、皇居のまわりで最も美しい風景が展開している場所である。そこはゆっくりと歩いて下らねばならない。そうすると、大きな緑の斜面が鋸歯《のこぎりば》状になって続き、すこしずつ姿を現わし、たがいに近よるかと思うと遠ざかるように見える。皇居の方には、多くの黒ずんだ緑の老樹による円い塊《かたまり》を頂きにした城壁が線をなしている。この景観に私はあきることを知らない。坂をのぼるときも、議事堂前から半蔵門の方へまわって歩くときも、同様に私はここを愛する」『東京のシルエット』酒井傳六訳、法政大学出版局、一九五四。p.43-44

※ノエル・ヌエット　一八八五〜一九六九。フランスの詩人。パリ大学文学部卒業後、一九二六（大正十五）年に静岡高等学校講師として来日。二九年帰国。翌年再び来日。四七年まで東京外国語学校講師。東大・早大・学習院などでもフランス語・フランス文学を教えた。

60○泣きたくなるほど美しい桂離宮

「京都郊外の桂村に赴く、桂離宮を拝観するためである。多彩な街頭風景、婦人や子供達の美しいキモノ、いろいろな物売る店、牛の眼、自転車に乗っている人達のマスク、黒や赤の鯉幟《こいのぼり》、市場。

桂離宮の清楚《せいそ》な竹垣、詰所の前房で来意を告げる。一匹の足痿《な》えた蜥蜴《とかげ》。御殿の清純真率な建築。深く心を打つ小児の如き無邪。今日までの憧憬《しょうけい》は剰《あま》すところなく充《み》たされた。

御門（中門）からの道、生籬《いけがき》、曲折した敷石道は方形の前庭を斜めに玄関（御輿寄《みこしよせ》）へ向っている。竹の竪樋《たてどい》と軒樋。御殿の軸、この軸は植込のなかの石燈籠《いしどうろう》の傍をよぎっている。玄関の間（小さい玄関の間と鑓《やり》の間）、これにつづく古書院控えの間（二の間）、広縁、そこから張出された月見台の竹縁、御庭！　泣きたくなるほど美しい印象だ。御庭のたたずまい、月見台の前方には斜めに設けられた舟附場。右方には紅《くれない》の花をつけた躑躅《つつじ》の植込、――心を和ます親しさである。ところが左方の御庭は厳しい分化を示しているのだ。背後に無限の精神を蔵しているこの関係の豊かさに、最初は息づまるばかりの感じであった。池中の岩のうえには亀、五月の陽光のなかに頭を擡《もた》げていたが、やがてどぶんと水のなかに飛込んだ」（一九三三年五月四日の日記）『日本――タウトの日記――１９３３年』篠田英雄訳、岩波書店、一九七五。

p.38-40

※ブルーノ・タウト 一八八〇〜一九三八。ドイツの建築家。一九三三(昭和八)年から一九三六年まで滞日。著書『日本美の再発見』『日本の家屋と生活』などにより、桂離宮に日本建築の粋を認め、日本文化を国際社会に紹介した。

61〇日没の宮島

「(この本の。編者補)この章の元となった覚え書を書いたときには、私の周囲には宮島の魅惑的な美しさが溢《あふ》れていた。そして、今、この本の最後の数行を書いていると、あの優雅な日本の桃源郷《アルカディア》で過ごした楽しかった日日の思い出が、生き生きと心の中に甦《よみがえ》ってきた。そしてもう一度そこを訪れてみたいという切なる思いが、しみじみと胸に湧いてきたのである。

もう一度あの苔《こけ》むした古い灯籠《とうろう》の並ぶ道を歩いてみたい。香り良い松の木陰に横になって沖の白帆を眺めてみたい。古鴉《がらす》のしゃがれた鳴き声を聞いたり、悠々と空を舞う鷹《たか》の姿を見たい。楓《かえで》の林の中を逍遥《しょうよう》し、無数の滝の流れる音に耳を傾けたい。月に照らされた海に舟を漕ぎ出して、船頭の舟唄に耳を傾けてみたい。そのほかにも美しい宮島のありとあらゆる楽しみを味わいたい。その中でも、是非もう一度見たいと切に思うのは、単純ではあるが美しい線を描いたあの古い華麗な大鳥居の間から、様々な色に移り変わる美しい日没の景色を眺めることなのである」『英国人写真家の見た明治日本』長岡祥三訳、講談社学術文庫、二〇〇五。p.322

※ハーバート・ジョージ・ポンティング　一八七〇〜一九三五。
イギリスの写真家。一九〇二（明治三十五）年頃以来三度来日。その間日露戦争にも従軍。滞日通算三年間。一九一〇〜一九一二年にスコット大佐の南極探検にカメラマンとして同行したことで知られる。

62○千姿万容の港町

「ああ日本、その国こそは、私がその国民と結んだ交際並びに日夜眺めた荘厳な自然の光景とともに、永く愉快な記憶に残るであろう。私は日毎に黒毛の駒《こま》に跨《また》がって、長崎市の付近を到るところ駈《か》け回り、遂に近所の百姓の子供たちまで自分を覚えて『隊長さん』と呼んでくれるようにまでなったが、さぞかし、これから何度となくあの美しい長崎市の付近の光景を思い泛《うか》べることであろう。あの千姿万容の景色を現わす山や谷、そうして自然美というものを初めて知ったあの美しい山や谷は、私の永遠に忘れることのできないものである。私は心の中でどうか今一度ここに来て、この美しい国を見る幸運にめぐり合わしたいものだと窃《ひそ》かに希《ねが》った」『長崎海軍伝習所の日々』水田信利訳、平凡社東洋文庫、一九六四。p.207-208

※リッダー・ホイセン・ファン・カッテンディーケ　一八一六〜一八六六。オランダ海軍軍人。一八五七（安政四）年に、幕府に贈呈する軍艦ヤッパン号（のちの咸臨丸）に乗って来日。長崎海軍伝習所の教育隊長として二年余長崎で暮らし、わが国の

海軍創設に貢献、勝海舟・榎本武揚らを育てた。帰国後はオランダの海相・外相を歴任した。

第六章　ドナルド・キーンが驚いた

女性の気質と世界一幸せな子どもたち

63〜74

教育荒廃、家庭崩壊とは、どこの国の話なのか

魔法の子育て術で子どもの天国

63○出産の夜

「横浜に滞在中のある日、私はさる政府高官に招かれて、江戸のヤシキに泊めてもらったことがある。私の寝室は、奥さんの寝室のすぐ隣で、寝床は寝室に接する紙張りの戸（ふすま。編者注）に面していた。この障壁は、水夫用の布針でもあれば、容易に穴が空けられたにちがいない。

その夜、私はなかなか寝つけなかった。なにしろフトンに寝たのはこのときがはじめてで、肌を刺す隙間《すきま》風《かぜ》も吹き込んでいた。夜中の一時頃、隣室の奥さんの部屋へ複数の人が歩いて行く足音がし、なにごとかを話し合っている声がはっきりと聞こえた。奥さんも眠れずに弱っているのだな、お手伝いさんか誰かとなにか秘めやかな聖務のようなことにでも励んでいるのかな、などと考えながら、私は寝返りを打ちつつ朝までとうとうまんじりともしなかった。

翌朝、寝室から出ると、主人がさもうれしげに近づいて来て、昨夜は家内が玉のような男の子を産んでくれましてね、と告げた。

『どこでですか?』と、私は息を呑んで尋ねた。『きのう、おヤシキを案内していただいたときに、奥さんのお部屋も拝見しましたが、私の記憶ちがいでなければ、奥さんのお部屋はお隣りだったはずでは……』

『ええ、隣でした。家の者たちの往き来する音が、耳触りだったことと存じます』

『足音や小声は、たしかに聞こえましたが、つらそうなお声のようなものには、まったく気づきませんでしたが』

翌日、私は母親になった奥さんを祝福し、あなたの気丈さにはまったく感服いたしました、と打ち明けた。すると彼女はすかさず、

『こんなときに、声を立てるような女性は、バカです』と答えた。

バカとは、〈愚かな〉とか〈意気地がない〉という意味の軽蔑語《けいべつご》である。

苦しみに対するこの並はずれた気丈さ、この意志の強さは、いったいどこから来るのだろう。(中略)

日本人のこの信じがたいほどネガティヴな抵抗は、主に、名誉を極度に重んじる武士道教育と諦観《ていかん》の観念が結びついて育まれた結果ではないかと私は思う」『おはなさんの恋――横浜弁天通り1875年』村岡正明訳、有隣堂、一九九一。p.146-147

※**ルイ・フランソワ・モーリス・デュバール**　一八四五〜没年不明。フランス海軍士官。一八七四（明治七）年九月から翌年十一月にかけて滞日。横浜に駐留し、日光・箱根・京都・長崎などを訪問。横浜の古美術商三谷家と家族ぐるみの交友を持った。

64○死に逝く夫の看取り

「松田《マツダ》東京府知事死去。氏は胃癌と肝臓癌を病み、一カ月前に自分が初めて診察した時は、もはや絶望である旨、その近親や友人に言明せねばならなかった。氏は小柄で、きゃしゃな体つきの、快活な美男子で一般に好感をもたれ、府知事という面倒な役にはうってつけだった。夫人はこの国で最もインテリな女性の一人だ。夫人は心から氏を愛していたが、あれほどの愛情をその夫に寄せている日本の婦人はまれである。先日、夫人をみた時は痛ましかった。苦悩にうちひしがれんばかりの有様で、眼には一杯の涙をうかべていたが、なおかつ取乱さないで、品位を保つことを忘れなかった。それどころか、夫君が見ている間は、涙でその運命を案じさせないために、微笑をすらたたえていたのである！　われわれヨーロッパの婦人も、どうかこの点で日本婦人をお手本にし、泣きはらした眼とか、いわんやすすり泣きなどにより、重態の身内のものにその運命をはっきり悟らせることのないように願いたいものだ！」（明治十五年七月六日の日記）『ベルツの日記・第一部（上）』トク・ベルツ編、菅沼龍太郎訳、岩波文庫、一九五一。p.96

※エルヴィン・ベルツ　一八四九～一九一三。ドイツの医学者。一八七六（明治九）年、日本政府の招聘《しょうへい》で来日。東京医学校（東京大学医学部の前身）教師となり、以後三十年間滞日して日本の医学の発達に寄与。「日本の近代医学の父」と呼ばれた。

65○外国女性も賞讃する日本女性の魅力

「次の引用は、ラフカディオ・ハーンから著者（チェンバレン。編者注）へよこした手紙から採ったものである。彼もまた日本女性の魅力にとりつかれた人間であった。『日本の女性は何と優しいことか！　この民族が良い方向へ進む可能性は、すべて彼女に集中しているように思われる。日本の女性のために、西洋の教義に対する信念も揺り動かされてしまう。もしこれが、婦人が抑圧された結果であるとするならば、抑圧もまんざら悪いことではあるまい。一方、アメリカの女性は、男性の崇拝の的となった結果、何と金剛石のように頑《かたくな》な性格になったことであろうか。宇宙の永遠の相から見た場合に、どちらが高級の人間であろうか——子供っぽい、人を信じ切っている、やさしい日本の娘か、それとも、華麗な、打算的な、洞察力のある、西洋の妖婦《サーシー》（オデッセウスの部下を豚に変えたという魔女。訳者注）か。わが人工的な社交界の婦人方は、悪に対しては莫大な力をもち、善に対しては限られた能力しかないのである』。——日本の婦人は、その不利な地位の故に、あるいは、それにも拘《かかわ》らず、魅力的であるという点は、何にもまして外国の女性旅行者達の賞讃の言葉が決定的に証明している。というのは、婦人がこのように賞讃した場合には、下心があってやったとは考えられないからである」『日本事物誌（2）』高梨健吉訳、平凡社東洋文庫、一九六九。p.297

※バジル・ホール・チェンバレン 一八五〇～一九三五。イギリスの日本学者。一八七三（明治六）年に来日、日本語や日本の古典を学び、東大教師となって国語学を講じ、一八九〇年に辞職、一九一一年に帰国した。

66○女性が主役

「日本文学で一番日本的なものの一つは道行《みちゆき》であろう。（中略）私が初めて道行の文章の美に打たれたのは、終戦直後、日本文学の研究に入門したときであった。『好色五人女』に出ているおさん・茂右衛門の道行を読んでから、表現出来ない感激をした。文章の美しさそのもののためであったか、おさんという人物に対するあこがれのためであったか、よくわからない。西鶴の小説に出る女主人公は近世の日本文学で一番主体的であり、その女主人公のうち、おさんの熱情に非常な魅力を感じた。日本の社会は男尊女卑の傾向が著しいといっても、日本の文学の場合、女性のほうが偉くて個性があると思う。西鶴の小説も現代も、その点で一致しているようだ」『碧い眼の太郎冠者』中公文庫、一九七六年。p.88-89（原文日本語）

※**ドナルド・キーン**　一九二二〜二〇一九。アメリカの日本文学研究者。文芸評論家。ニューヨーク生まれ。コロンビア大学卒業後、ケンブリッジ大学講師を務め、一九五三（昭和二十八）年、京都大学大学院に留学。コロンビア大学名誉教授。一九八六年に「ドナルド・キーン日本文化センター」を設立した。二〇一一年、日本国籍を取得。『日本人の西洋発見』『明治天皇』など著書多数。

67○日本女性の美しさ

「私は、四分の一世紀ちかく日本に暮らしてきたので、日本の異国情調について何か語ってもよいであろう。

日本はすぐれて異国情調の国、審美家を魅了する国であったし、今なおそうである。気まぐれな形態や色彩――いずれも驚くほどみごとなうっとりするような――の実に豊富な自然をもち、あわせて、洗練された古い文明をもっている。その文明は、小さな物にも大きな物にも――恐らく主として小さな物に、日本人の生活や楽しみの中にとけこんでいる事物や仕種がいかにも優美であり、ふんだんであることに較べると、ヨーロッパの芸術は無、絶対的に無であると、日本に初めて接したヨーロッパ人に納得させるに充分なすばらしい芸術を創り出した。女性に関しては、その魅力はまばゆいばかりである。そのまばゆさの由《よ》って来たるところは、彼女たちの肉体的優美さ、そのもてなしの技術、また、世界中の風俗が創案したもっとも調和のとれた服装であるその着物にある」―『おヨネとコハル』岡村多希子訳、彩流社、一九八九。p.75-76

※ヴェンセスラウ・ジョゼ・デ・ソーザ・モラエス 一八五四〜

一九二九。ポルトガルの海軍士官・外交官・文学者。一八八九（明治二十二）年初来日。のち神戸駐剳《ちゅうさつ》領事となり日本婦人と同棲。十六年間徳島で暮らし、一九二九年に同地で没。

68○思慮深く優雅を重んじる日本の子ども

「われわれの間では四歳の子供でも自分の手を使って食べることを知らない。日本の子供は三歳で、箸 faxis をつかって自分で食べる。

われわれの間では普通鞭《むち》で打って息子を懲罰する。日本ではそういうことは滅多におこなわれない。ただ〔原文欠落あり。言葉？　訳者注〕によって譴責《けんせき》するだけである。（中略）

ヨーロッパの子供は青年になってもなお口上《レカード》ひとつ伝えることができない。日本の子供は十歳でも、それを伝える判断と思慮において、五十歳にも見られる。（中略）われわれの子供はその立居振舞に落着きがなく優雅を重んじない。日本の子供はその

点非常に完全で、全く賞讃に値する」『ヨーロッパ文化と日本文化』岡田章雄訳注、岩波文庫、一九九一。p.64-66

※ルイス・フロイス 一五三二～一五九七。ポルトガルのイエズス会宣教師。日本伝道のため一五六三（永禄六）年に来日。日本副管区長から『日本史』の編述を命ぜられる。秀吉の伴天連《バテレン》追放令の後マカオに退去したが再び来日し、長崎で没。三十五年間布教し、信長との会見は十八回に及んだ。

69○日本は子どもの天国

「いろいろな事柄の中で外国人の筆者達が一人残らず一致する事がある。それは日本が子供達の天国だということである。この国の子供達は親切に取扱われるばかりでなく、他のいずれの国の子供達よりも多くの自由を持ち、その自由を濫用《らんよう》することはより少く、気持のよい経験の、より多くの変化を持っている。赤坊《あかんぼう》時代にはしょっ中、お母さんなり他の人なりの背に乗っている。刑罰もなく、咎《とが》めることもなく、叱《しか》られることもなく、五月蠅《うるさ》く愚図愚図《ぐずぐず》いわれることもない。日本の子供が受ける恩恵と特典とから考えると、彼等は如何《いか》にも甘やかされ増長して了《しま》いそうであるが、而《しか》も世界中で両親を敬愛し老年者を尊敬すること日本の子供に如《し》くものはない。爾《なんじ》の父と母を尊敬せよ……これは日本人に深く浸《し》み込んだ特性である」『日本その日その日（1）』石川欣一訳、平凡社東洋文庫、一九七〇。p.37-38

「ここでまた私は、日本が子供の天国であることを、くりかえさざるを得ない。世界中で日本ほど、子供が親切に取扱われ、そして子供の為に深い注意が払われる国はない。ニコニコしている所から判断すると、子供達は朝から晩まで幸福であるらしい。（中略）日本人は確かに児童問題を解決している。日本人の子供程、行儀がよくて親切な子供はいない。また、日本人の母親程、辛抱強く、愛情に富み、子供につくす母親はいない」『日本その日その日（2）』石川欣一訳、平凡社東洋文庫、一九七〇。p.68-69。

※エドワード・シルヴェスター・モース　一八三八～一九二五。

アメリカの動物学者。一八七七(明治十)年、東大の生物学・動物学教師として来日、初めて生物学講座を開く。ダーウィンの進化論を日本に紹介し、また大森貝塚を発見。一八八〇年帰国。翌々年再び来日。

70○世界一礼儀正しい日本の子ども

「子供たちは、学校でも家庭でも、長上に対する礼儀と尊敬を第一の絶対必要条件として躾《しつけ》られる。若い人たちの上品な挙止には全く驚かされる。日本人はおそらく世界一の礼儀正しい国民である。跣《はだし》で歩き、アメリカ人ほど衣類は身につけないが、文明人と自称する多くの国民よりも、たしかに礼儀正しく親切である。殊《こと》に子供たちは決して喧嘩《けんか》腰《ごし》になったり、手に負えないようなことがなく、両親や教師には従順で忠実であり、それだからかえって幸福なのだ。学校でも無秩序な状態に近づくようなことは起らず、ごくつまらぬ服装の子供でも態度に上品な所があった」『日本滞在記』飯

田宏訳、講談社、一九六七。p.44-45

※エドワード・ワーレン・クラーク　一八四九〜一九〇七。アメリカの教育者。北米ポーツマスに生まれ、スイスに留学した後、母国の大学で学ぶ。一八七一（明治四）年に『皇国』の著者W・E・グリフィスの紹介で静岡学問所の教師として来日。一八七三年からは東京開成学校で教鞭をとり、一八七五年に帰国した。

71〇西洋に先駆けた教育原理の実現

「子供は大勢いるが、明るく朗らかで、色とりどりの着物を着て、まるで花束をふりまいたようである。たとえ、初めのうちは服装がいささか流行遅れで、両親の着物を小さく作り直したように見えても、実際には、日本の子供は本当に子供らしいことがすぐにわかる。彼らと親しくなると、とても魅力的で、長所ばかりで欠点がほとんどないのに気づく。

ハーバート・スペンサー（十九世紀イギリスの哲学者・社会学者。進化論に基づき道徳の原理や社会問題を説いた。編者注）が西洋社会に子供のしつけ方を伝授するはるか以前に、日本の親たちは全く自分たちの独自の考えから、スペンサーがかねてから心に抱いていた教育原理のほとんどすべてを採用していたのである。

その結果が、今日の日本の子供なのである。

この三十年の間、大きな変化が幾つも日本を通り過ぎて行った。これからも大きな変化が起きるであろう。しかし何が起るにせよ、日本の子供たちと若い女性の気質、行儀、たしなみ、そして服装は本質的に現在のままであることを望もうではないか」（一八八六年八月二十日付の記述）『黎明期の日本からの手紙』樋口次郎訳、筑摩書房、一九八二。p.18

※ヘンリー・スペンサー・パーマー　一八三八〜一八九三。イギリスの軍人・水道工事監督者。日本政府の招きで一八八五（明治十八）年に来日。横浜・東京・大阪・神戸などの水道工事や横浜築港に携わるかたわら、『ロンドン・タイムズ』誌に七年

間余り「東京通信」を寄稿した。日本で没。

72〇子どものしつけ

「思うに、子供時代の折々の輝かしい幸福を奪うことなしに、いかなる環境にある子供にも完全な礼儀作法の衣を纏《まと》わせるこの国の教育制度は、大いにほめられるべきです。これに匹敵する例は、オーストリアとイタリアの幼い王子王女のあいだで一、二度見かけた以外、ほとんど見たことがありません。かつてオーストリアやイタリアのカトリックの王家や貴族の家では、つねに高度な立居振舞いの規範が強いられたことに加えて、家の伝統や雰囲気といったものが圧倒的で、子供は生まれた時から、それらの影響のもとに人格を形成したものです。

こちらでは、うまく説明できないのですが、しつけというものが血のなかに流れていて、例外なく外にあらわれてくるのです。日本の子供が、怒鳴られたり、罰を受けたり、くどくど小言を聞かされたりせずとも、好ましい態度を身につけてゆくのは、見ていてほんとうに気持ちのよいものです。彼らにそそがれる愛情は、ただただ温かさと平和で彼らを包みこみ、その性格の悪いところを抑え、あらゆる良いところを伸ばすように思われます。日本の子供はけっしておびえから嘘《うそ》を言ったり、誤ちを隠したりはしません。青天白日のごとく、嬉《うれ》しいことも悲しいことも隠さず父や母に話し、一緒に喜んだり癒《いや》してもらったりするのです。そして子供のちょっとした好き嫌いは、大人の好き嫌いに劣らず重要視されます。じっさい、ものごころがつくかつかぬかのうちに、日本の子供は名誉、親切、孝行、そして何よりも愛国心といった原則を、真《ま》面目《じめ》かつおごそかに繰り返して教えられます。我が英国の小学生ならば、小馬鹿にして笑いころげるところでしょうが」（「東京、1891年1月」の手紙）『英国公使夫人の見た明治日本』横山俊夫訳、淡交社、一九八八。p.236-238

※メアリー・クロファード・フレイザー　一八五一～一九二二。ローマに生まれ、パリ・ニューヨークなども歴訪したイギリス人女性。英国外交官夫人として北京・ウィーン・サンティアゴに滞在、一八八八（明治二十一）年に来日。一八九四年まで滞日。夫を青山墓地に埋葬後帰国。一九〇六年再び訪日した。

73○農家の子どもたち

「長崎の北には、湾に注ぐ川の流れる幅広い谷が広がっていて、農夫達が沢山、静かに住み着いている。私はよく独りでピクニックと洒落《しゃれ》て遠出の遠足をしたが、彼等に近付きになりたい気持ちが湧くたびに、いつも農夫達の素晴らしい歓迎を受けたことを決して忘れないであろう。火を求めて農家の玄関先に立ち寄ると、直《ただ》ちに男の子か女の子があわてて火鉢を持って来てくれるのであった。私が家の中に入るやいなや、父親は私に腰掛けるように勧め、母親は、丁寧に挨拶《あいさつ》をして、お茶を出してくれる。家族全員が私の周りに集まり、気分を害することを用心する必要もない、子供っぽい好奇心で私をじろじろ見るのであった。最も大胆な者は私の服の生地を手で触り、ちっちゃな女の子がたまたま私の髪の毛に触って、笑いながら同時に恥ずかしそうに、逃げ出して行くこともあった。幾つかの金属製のボタンを与えると、子供達はすっかり喜ぶのだった。『大変有り難う』と、皆揃《そろ》って何度も繰り返してお礼を言う。そして跪《ひざまず》いて、可愛い頭を下げて優しく微笑むのであったが、社会の下の階層の中でそんな態度に出会って、全く驚いた次第である。私が遠ざかって行くと、道のはずれ迄《まで》見送ってくれて、殆《ほとん》ど見えなくなってもまだ、『さよなら、またみょうにち』と私に叫んでいる、あの友情の籠《こも》った声が聞こえるのであった」『スイス領事の見た幕末日本』森本英夫訳、新人物往来社、一九八六。p.33-34

※ルドルフ・リンダウ　一八三〇〜一九一〇。プロシヤ生まれの外交官・文筆家。フランスのモンペリエ大学卒業後、一八五九（安政六）年に幕府との間に通商条約を締結するべくスイス通商調査派遣隊の隊長として来日。いったん離日するが六一年には日本周遊、六四年にはスイス駐日領事の代表権を得て三たび来日し、六九年に帰国した。

74○ひな祭り

「三月の第一週は、日本の少女にとっての慶祝期で、ひな祭り（お人形の祝宴）を祝う。このシーズンになると、おもちゃ屋と人形店の数が倍増し、まぶしいような目玉商品を取り扱い出す。子供らは、はなやかなよそいきで町中を活気づける。女の子は髪を丹念に手入れし、金色のひもと明色のちぢみリボンで結んでいる。上着と帯がとても明るい色彩だ。なんだか、こうした女の子たちは歩く人形のように見える。よちよち歩きのごく小さい子が母親と同じように長袖の着物を身にまとった姿は、一風変わってコミカルである。派手な柄の上着に、あざやかな中着のへりをあちこちのぞかせ、金糸入りの帯をしめるなど、非常に魅力的だ。こうした日本の子供たちほど、ものやわらかでかわいらしいものはない。（中略）ひな祭りが済むと、人形と付属の調度品一切は、次の年の三月まで取り片付けられる。このうるわしい群像は、一年という長い潜伏のあと、倉から姿を現すが、新品同様にうっとりさせられる。毎年一週間で祝うお祭りのために、人形全部を取り出し、またこの人形を次の代へと伝えていく――日本人が生活の楽しみ方や態度のやさしさについて抱く固有の考えをこれほど分

かりやすく説明してくれるものはない」『日本・人力車旅情』恩地光夫訳、有隣新書、一九八六。p.81-82

※エライザ・ルアマー・シッドモア 一八五六〜一九二八。アメリカのジャーナリスト・紀行作家。一八八四（明治十七）年頃からたびたび来日し、ワシントン・ポトマック河畔への日本の桜の移植を米大統領に提案し実現した。

第七章　ロンドン園芸協会員が驚いた

優雅で愉しみに満ちた和風の暮らし

75〜89

〝生活の芸術化〟を極限まで工夫した天才的風流民族
貧しいけれど幸福感にあふれる暮らしのスタイル

75○ほんものの平等精神

「金持ちは高ぶらず、貧乏人は卑下しない。実に、貧乏人は存在するが、貧困なるものは存在しない。ほんものの平等精神が〔われわれはみな同じ人間だと心底から信ずる心が〕、社会の隅々まで浸透しているのである。

ヨーロッパが日本からその教訓を新しく学ぶのはいつの日であろうか――かつて古代ギリシア人がよく知っていた調和・節度・渋みの教訓を――。（中略）

しかし、日本が私たちを改宗させるのではなくて、私たちが日本を邪道に陥れることになりそうである。すでに上流階級の衣服、家屋、絵画、生活全体が、西洋との接触によって汚れてきた。渋みのある美しさと調和をもつ古い伝統を知りたいと思うならば、今では一般大衆の中に求めねばならない」『日本事物誌（2）』高梨健吉訳、平

凡社東洋文庫、一九六九。p.233-234

※バジル・ホール・チェンバレン　一八五〇〜一九三五。イギリスの日本学者。一八七三（明治六）年に来日、日本語や日本の古典を学び、東大教師となって国語学を講じ、一八九〇年に辞職、一九一一年に帰国した。

76○火事に遭っても

「日本人とは驚嘆すべき国民である！　今日午後、火災があってから三十六時間たつかたたぬかに、はや現場では、せいぜい板小屋と称すべき程度のものではあるが、千戸以上の家屋が、まるで地から生えたように立ち並んでいる。まだ残骸《ざんがい》がいぶり、余じんもさめやらぬうちに日本人は、かれらの控えめの要求なら十分に満足させる新しい住居を魔法のような速さで組立てるのだ。火事の前には、僅《わず》かの畳と衣服以外に多くの所持品があったわけでもないから、失ったものも少く、あれこれと惜しむこともあまりないのである。これらの事実や、また日本人がいかなる悲運でも、これをトルコ人以上の無頓著さで迎えることを書物で知っていたにもかかわらず、なおかつ自分はこれらの人々の有様をみて驚嘆せざるを得なかった。小屋がけをしたり、焼跡をかき探したりしていないものはといえば、例の如く一服つける楽しみにふけっている。女や男や子供たちが三々五々小さい火を囲んですわり、タバコをふかしたりしゃべったりしている。かれらの顔には悲しみの跡形もない。まるで何事もなかったかのように、冗談をいったり笑ったりしている幾多の人々をみた。かき口説く女、寝床をほしがる子供、はっきりと災難にうちひしがれている男などはどこにも見当らない」（明治九年十二月一日の日記）『ベルツの日記・第一部（上）』トク・ベルツ編、菅沼龍太郎訳、岩波文庫、一九五一。p.38-39

※**エルヴィン・ベルツ**　一八四九〜一九一三。ドイツの医学者。一八七六（明治九）年、日本政府の招聘《しょうへい》で来日。東京医学校（東京大学医学部の前身）教師となり、以後三十年間滞日して日本の医学の発達に寄与。「日本の近代医学の父」と呼ばれた。

77○イギリスに優る花を愛する文化

「馬で郊外の小ぢんまりした住居や農家や小屋の傍《かたわ》らを通り過ぎると、家の前に日本人好みの草花を少しばかり植え込んだ小庭をつくっている。日本人の国民性のいちじるしい特色は、下層階級でもみな生来の花好きであるということだ。気晴らしにしじゅう好きな植物を少し育てて、無上の楽しみにしている。もしも花を愛する国民性が、人間の文化生活の高さを証明するものとすれば、日本の低い層の人びとは、イギリスの同じ階級の人達に較べると、ずっと優《まさ》って見える」『幕末日本探訪記・江戸と北京』三宅馨訳、講談社学術文庫、一九九七。p.108

※ロバート・フォーチュン　一八一二〜一八八〇。イギリスの園芸家。一八六〇（万延元）年と翌年に日本の植物調査のため二度来日。エディンバラ王立植物園園丁ののちロンドン園芸協会員。キク、ラン、ユリなど東洋の代表的鑑賞植物を英国に紹介した。

78○世界一清潔な国民

「ヨーロッパ人の中には日本人のやり方のあらを探そうとして、『日本人は風呂へ入ってから上ると、また汚ない着物を着る』と言うものがいる。なるほど旧派の日本人には、毎日下着を更《か》えるヨーロッパの完全なやり方などはない。しかし、下層階級の人でも、身体はいつも洗って、ごしごしこするから、彼らの着物は、外部は埃《ほこり》で汚れていようとも、内部がたいそう汚ないということは、とても想像できないのである。日本の大衆は世界で最も清潔である。日本人が風呂に入る習慣の魅力は、この国に居住する外国人のほとんどすべてがそれを採用しているという事実によって証明される」『日本事物誌（1）』高梨健吉訳、平凡社東洋文庫、一九六九。p.61

※バジル・ホール・チェンバレン　一八五〇〜一九三五。イギリスの日本学者。一八七三（明治六）年に来日、日本語や日本の古典を学び、東大教師となって国語学を講じ、一八九〇年に辞

職、一九一一年に帰国した。

79○木の湯船

「湯舟はゆったりとしつらえてあります。じっさい、日本ではどのホテルでも、かならず入ってみたくなる浴室があるのです（欧米では湯舟のないシャワーだけのホテルが少なくなかった。編者注）。（箱根の。編者補）宮ノ下では、浴室の用材が暖かい空気のなかで、この土地特有の甘くかぐわしい香りを発します。壁も床も天井もすべてが木で、お湯があふれている深い浴槽も木製なのです。それは、磨かれ、香料を加えられ、手ざわりはベルベットのようになめらかです」（「宮ノ下、富士屋ホテル、1889年9月」の手紙）『英国公使夫人の見た明治日本』横山俊夫訳、淡交社、一九八八。p.96

※メアリー・クロファード・フレイザー　一八五一〜一九二二。ローマ生まれのイギリス人。英国外交官夫人となって北京・ウ

イーン・サンティアゴに滞在、一八八八（明治二十一）年に来日。一八九四年まで滞日。夫を青山墓地に埋葬後帰国し、一九〇六年再び訪日した。

80◯幕末日本は旅行ブーム

「実に日本人は大の旅行好きである。本屋の店頭には、宿屋、街道、道のり、渡船場、寺院、産物、そのほか旅行者の必要な事柄を細かに書いた旅行案内の印刷物がたくさん置いてある。それに、相当よい地図も容易に手にはいる。精密な比例で描かれたものではないが、それでも実際に役立つだけの地理上のあらゆる細目にわたって書いてある。

そのほか、マレー（Murray）（イギリスの有名な出版業者 Murray のことか。訳者注）に親しんでいるイギリス人が欲するような、伝説的、または歴史的な、いろいろの民間説話をのせた見事な絵入りの東海道案内記もあった」『一外交官の見た明治維

新（上）』坂田精一訳、岩波文庫、一九六〇。p.260-261

※アーネスト・サトウ　一八四三〜一九二九。イギリスの外交官。一八六二（文久二）年に来日、横浜の英領事館通訳官、江戸の公使館書記官を歴任し、イギリスを倒幕支持に転じさせることに貢献。『ジャパン・タイムズ』紙に寄稿した匿名の「英国策論」は明治維新に大きな影響を与えた。一九二七年、日本公使として再び来日。前後二十七年間滞日した。

81○信じられないほど筆まめ

「私には日本人ほど好んでペンや筆を振う国民があるとは信じられない。彼らはあらゆることを文書にして取扱う。また一般にきわめて広い範囲にわたって手紙のやりとりを続けているので、婦人ばかりか男子も、このために時間の大半を費やしている有様である。彼らは手紙を書くのに、巻紙にして売られている貼り合わされた薄紙を使用している。そして一通の手紙が五エル（約三・五メートル。編者注）またはそれ以上の長さに及ぶ例を見ることもまれではない」『日本風俗備考（2）』庄司三男・沼田次郎訳、平凡社東洋文庫、一九七八。p.117-118

※ファン・オーフルメール・フィッセル　一八〇〇〜一八四八。

オランダ人。一八二〇（文政三）年から一八二九年まで約九年間、長崎出島のオランダ商館に勤務した。

82○日本人の動物愛護

「先日の朝、私は窓の下にいる犬に石をぶつけた。犬は自分の横を過ぎて行く石を見た丈《だけ》で、恐怖の念は更に示さなかった。そこでもう一つ石を投げると、今度は脚の間を抜けたが、それでも犬は只《ただ》不思議そうに石を見る丈で、平気な顔をしていた。その後往来で別の犬に出喰わしたので、態々《わざわざ》しゃがんで石を拾い、犬めがけて投げたが、逃げもせず、私に向って牙《きば》をむき出しもせず、単に横を飛んで行く石を見詰めるだけであった。私は子供の時から、犬というものは、人間が石を拾う動作をしただけでも後じさりをするか、逃げ出しかするということを見て来た。今ここに書いたような経験によると、日本人は猫や犬が顔を出しさえすれば石をぶつけたりしないのである。よろこぶ可《べ》きことには、我国の人々も、私が子供だった時に比較すると、この点非常に進歩した。だが、我都市の貧しい区域では無頼漢どもが、いまだに、五十年前の男の子供がしたことと全く同じようなことをする。

日本人が丁寧であることを物語る最も力強い事実は、最高階級から最低階級に至る迄《まで》、すべての人々がいずれも行儀がいいということである」『日本その日その日(1)』石川欣一訳、平凡社東洋文庫、一九七〇。p.171

※エドワード・シルヴェスター・モース 一八三八～一九二五。

アメリカの動物学者。一八七七（明治十）年、東大の生物学・動物学教師として来日、初めて生物学講座を開く。ダーウィンの進化論を日本に紹介し、また大森貝塚を発見。一八八〇年帰国。翌々年再び来日した。

83○ユーモアを楽しむ

「（日本人に。編者補）ユーモアがあってふざけ好きなのはすべての社会階層に共通する特徴である。上流の人間は無理にかぶった真面目《まじめ》くさい仮面の下にそれを隠しているが、威厳を保つ必要なしと判断するや否や、たちまち仮面を外してしまう。その点、下層の連中は自分の性格に枷《かせ》をはめるような真似《まね》はしない。煙管《きせる》を吹かしながら湯沸かしののった長火鉢のまわりに集まると、口々から冗談が飛び交い、悪意のないからかいが始まる。こうして皮肉を浴びせ合っても、誰もむかっ腹を立てるようなことはない。その心持ちはフランス人と共通していて、フランス人の性格中、とりわけ陽気さと礼儀正しさが日本人の心をとらえるのも納得できようというもの。忙しい一日の仕事が終わり、夜になってわれわれが町の通りを練り歩いていると、日本人の家族が通りに面した部屋で楽しそうに団欒《だんらん》しているのが目に入ってくる。われわれはいつでも気楽に招じ入れられ、冗談を飛ばしての談笑で時の経つのを忘れてしまう。もっとも日本語の知識は貧弱なので、笑いの種になるのはたいていわれわれの方である。

日本人の温厚な親切はごく自然で気持が良く、それだけでも彼らの他のさまざまな欠点を許してしまうことができる」『江戸幕末滞在記——若き海軍士官の見た日本』長島要一訳、講談社学術文庫、二〇〇三。p.121-122

※エドゥアルド・スエンソン　一八四二〜一九二一。極東の戦略地点を巡航するフランス艦隊の一士官として、一八六六（慶応二）年に来日したデンマーク人。横浜・兵庫・大坂を訪れ、翌年帰国。デンマーク海軍大臣副官を経て、一八七〇年にもデンマーク大北電信会社代表として再度来日。ウラジオストック—上海—長崎を結ぶ海底電信線を敷設した。

84○野外の遊び

「日本人は一般に野外に出て楽しむことを好むが、これもわれわれ中国人の及ばないところである。春も彼岸を過ぎて花の雲のたなびくころともなれば、京都の丸山、嵐山、東京の上野、飛鳥山、さては吉野その他、日本全国どこへいっても、道という道は浮かれ男に女づれである。『家々酔人を扶《ささ》え得て帰る』という春祭りの詩は、まるで日本人のために作ったようなものである。また祇園《ぎおん》の夜桜都踊りともなれば、人の心をとろかして、浮き立つ春のホコリさえ払い落として跡かたもない。秋の紅葉の時期にも、春におとらぬにぎわいぶり。このほか一年中寒暑を問わず、それぞれの遊びがあり、潮干《しおひ》に貝の取れるとき、ワラビのこぶしのもえ出る日、キノコのゾックリはえるとき、さてはホタルの飛びかう夜、みんなそろって狩りにゆき、笑いさざめくさまは屈託がない。それから元日の松飾り、ヒナ祭りから端午の鯉のぼり、七月七日の星祭り、七月なかばの盆踊りや、さては九月九日のクリ餅《もち》など、もともと中国の年中行事の受け売りではあるが、日本人の手にかかると非常に意味の深い国民的なお祭りになり、じつに盛んなものである」「支那人の見た日本人」『外国人の見た日本・4』唐木順三編所収、魚返善雄訳、筑摩書房、一九六一。p.336-337

※**郁達夫**　一八九六～一九四五。中国の文学者。旧第一高等学校を経て東京大学経済学部卒業。文学革命後、郭沫若らと新文学運動に従事、北京・武昌・中山大学の教授を務めた。のちシン

ガポールの新聞編集長に転出、さらにスマトラに渡り、一九四五年終戦直後に行方不明となる。

85○日本間の無限の興趣

「今、私は簡素で美しい離れの庵室で、心地よい蒲団の上に寝そべってうつらうつらしながら、半ば彼方の世界の、そして異なった環境にいる読者に、こうした経験を伝えようと空しく試みている。私が毎日このような比類のない機会を経験していること、これを私たち西洋にいる人間は知る必要があるし、尊敬し、かつ愛しさえしなければならないと私は考える。

時は単純に内的生活から感覚を通じて流れて行くが、これらはすべて外部で行われている西欧化の混乱によっても滅ぼし去ることができなかったものである。語らざる美。ほとんど何もない部屋。物の巧みな整理。茶碗の中の緑茶の色。箸台の上にのせられた箸の姿。床の間の壁に掛けられた掛軸の文字。紙障子を通した白い光。障子に映る竹の葉の影。まだまだ限りなく挙げることができるが、それらの美は真に感受されるものの中にこそ存在するのでなければならない」(一九五三年三月二十六日の日記)『バーナード・リーチ日本絵日記』柳宗悦訳・水尾比呂志補訳。講談社学術文庫、二〇〇二。p.69-70

※バーナード・リーチ　一八八七〜一九七九。イギリスの陶芸家。一九〇九(明治四十二)年、版画家として来日。一九一二年に六代尾形乾山に作陶を学び、一九二〇年、濱田庄司とともにイギリスに登り窯《がま》を開く。たびたび来日し、白樺派の作家たちとも交わって民窯の伝統を発掘し、広く欧米に紹介した。

86○タタミに教えられた西洋家具調度のムダ

「日本に来て私は、ヨーロッパで必要不可欠だとみなされていたものの大部分は、もともとあったものではなく、文明がつくりだしたものであることに気がついた。寝室を満たしている豪華な家具調度など、ちっとも必要ではないし、それらが便利だと思うのはただ慣れ親しんでいるからにすぎないこと、それらぬきでもじゅうぶんやっていけるのだとわかったのである。もし正座に慣れたら、つまり椅子やテーブル、長椅子、あるいはベッドとして、この美しいござ（ここでは畳のこと。編者注）を用いることに慣れることができたら、今と同じくらい快適に生活できるだろう。もしヨーロッパの親たちが日本の習慣を取り入れて、子供たちの結婚準備から解放されたら、それはなんという励ましになることだろう」『シュリーマン旅行記――清国・日本』石井和子訳、講談社学術文庫、一九九八。p.83-84

※ハインリッヒ・シュリーマン　一八二二～一八九〇。ドイツの考古学者。ロシアで手がけた藍《あい》の商いで財をなし、一八六四年世界漫遊に出立。翌（慶応元）年、幕末期の日本に三ヵ月間滞在した。一八七一年トロア遺跡を発掘、さらにミケナイ文明の発見者となった。自伝に『古代への情熱』がある。

87○日本の農家

「私は日本の農家の家屋敷ほど絵のように美しく、居心地よさそうな住まいは世界のどこの国にも見られないのではないかと思っている。彼らの小さな可愛い家は、ちょっとした茂みに囲まれて山際に寄り添うように建てられていることもあり、あるいは一面に水を張った田圃《たんぼ》から数フィートしか高くない小さな丘の上に建てられていることもある。それはほんのもろい造りで、いうまでもなく都会の家と同じに木と紙でできている。主な相違は屋根にあって、それは瓦で葺《ふ》く代わりに濃い茶色の藁《わら》で葺いた屋根で、冬は暖かく夏は涼しく、季節が来れば青色のあやめが美しい花を咲かせるのである。家の周りには竹の垣がめぐり、椿《つばき》やその他の常緑樹が、その内側に植えてある。小さな庭を鶏が尾を立てて歩き回り、農家の主婦が洗濯物を干したり、餅《もち》をついたり、野菜などを洗ったりして忙しげに家事をしているそばで、上の娘は赤ん坊のお守《も》りをしている。すぐ近くに鳥居があるが、それは農耕を司《つかさど》る神様であるお稲荷様を祀《まつ》った神社の参道へ通じる簡素な門で、神社には掛け額が掲げられ、お供の二匹の狐の像が両側に置かれている。それは本当に素朴で穢《けが》れのない、しかも満ち足りた生活で、昨今、世間でよく話題になる『簡易生活』の、まさに見本であり、正直な労働によって得られた満足を示す一幅の絵である。彼ら幸せな農民の表情には、ありありと快活さが浮かんでいた。彼らの粗末な家と同様に、その稼ぎもわずかであったが、それで十分で、何の不平もなかった。男も女も笑《え》みを湛《たた》え、道行く外国人を親しげに歓迎してくれた」『ミットフォード日本日記――英国貴族の見た明治』長岡祥三訳、講談社学術文庫、二〇〇一。p.72-73

※アルジャーノン・バートラム・フリーマン・ミットフォード

一八三七～一九一六。イギリスの外交官・著述家。英国公使館書記官として一八六六（慶応二）年に来日。一八七三年まで六年間余り、幕府および明治新政府との外交折衝に奔走した。一九〇六年、英国国王から明治天皇へガーター勲章を捧呈する使節団の随員として三十数年ぶりに再来日した。

88○美しき老熟

「日本の文化についてとりわけ顕著な一事は、老年の人達の地位である。青年達が活気に充《み》ちていることはどこの国でも同じだ、しかしこの国の老人達は一際《ひときわ》すぐれている。この人達こそ、日本の精神的基礎を成すもののように思われる。ほかの国だったら、老人の生活といえばいかにも孤独である、年来の友人達は次第に世を去り、自分は活動力を失い、乏しい収入を当てにしてあたかも隠遁者《いんとんしゃ》のような生活を送らねばならない。活動を続けようと焦りながらも、所詮《しょせん》青年に伍することはできないのである。アメリカでは比較的よい地位にある老人が、白髪を蓄えて紅顔の青年に立ち交っている。しかしこれとてもまた真実の姿ではないのだ。ところが日本では老いるにつれて、ますます伝来の文化的環境にしっくりはまってくる、友情にしても、そのときどきの単なる同情ではなくて精神的、芸術的な仕事と関心との極めて自然的な交換である。日本では、老齢と共にいよいよ高い境涯へ入っていくような印象だ。また青年も、こういう高尚な境地に自分の行動の確実な基準を求めるのである。この国の老年の美しさは、まさにここに由来する。（『世と絶って』極《きわま》りなく簡素な生活をしている老人は、曾《か》ての『時めく』時代よりもむしろ高い尊敬をうけている）。私はこのような例をいくつも見た」（一九三四年一月十一日の日記）『日本――タウトの日記――1934年』篠田英雄訳、岩波書店、一九七五。p.34

※ブルーノ・タウト 一八八〇～一九三八。ドイツの建築家。一九三三（昭和八）年から一九三六年まで滞日。著書『日本美の再発見』『日本の家屋と生活』などにより、桂離宮に日本建築の粋を認め、日本文化を国際社会に紹介した。

89○海辺の庶民の暮らし

「日の輝く春の朝、大人は男も女も、子供らまで加わって海藻を採集し、砂浜に広げて干す。このあと手を加えて食品にするのだが、その風味は、われわれアメリカ人が口にするアイスランドゴケ並みである。この塩からい採取物を、農夫もせっせと拾い集める。あらしのあとなどは、どの家族も総出で、コンブなど漂着してくる海草の断片をあれこれと収集する。漁師のむすめたちが脛《すね》を丸出しにして浜辺を歩き回る。あい色の木綿の布きれをあねさんかぶりにし、背中にかごをしょっている。子供らは泡立つ白波に立ち向かったりしてたわむれ、幼児は砂の上で楽しそうにころげ回る。男たちや少年は、ひざまで水につかり、あちこちと浅瀬を歩き、砕け散る波頭《なみがしら》で一日中ずぶぬれだ。陽光さんさんとはいえ、気温は華氏五〇度（摂氏一〇度。訳者注）を下回る。婦人たちは海草の山を選別したり、ぬれねずみとなったご亭主に時々、ごちそうを差し入れる。あたたかいお茶とごはん、そしておかずは細かにむしった魚である。こうした光景すべてが陽気で美しい。だれもかれも心浮き浮きとうれしそうだ。だから、鎌倉の生活は、歓喜と豊潤から成り立っているかのように見え、暗い面などどこ吹く風といった様子だ」『日本・人力車旅情』恩地光夫訳、有隣新書、一九八六。p.60

※エライザ・ルアマー・シッドモア　一八五六〜一九二八。アメリカのジャーナリスト・紀行作家。一八八四（明治十七）年頃からたびたび来日し、ワシントン・ポトマック河畔への日本の桜の移植を米大統領に提案し実現した。

第八章　ライシャワーが驚いた

永遠に忘れ得ぬ日本人

90～102

時代を突き抜けた創造的破壊――
宣教師が書き残した「奇跡の人」信長の実像

90○織田信長

「信長は尾張の国の三分の二の主君なる殿《トノ》（信秀。訳者注）の第二子であった。彼は天下を統治し始めた時には三十七歳くらいであったろう。彼は中くらいの背丈で、華奢《きゃしゃ》な体軀《たいく》であり、髯《ひげ》は少なくはなはだ声は快調で、極度に戦《いくさ》を好み、軍事的修練にいそしみ、名誉心に富み、正義において厳格であった。彼は自らに加えられた侮辱に対しては懲罰せずにはおかなかった。幾つかのことでは人情味と慈愛を示した。彼の睡眠時間は短く早朝に起床した。貪欲《どんよく》でなく、はなはだ決断を秘め、戦術にきわめて老練で、非常に性急であり、激昂《げっこう》はするが、平素はそうでもなかった。彼はわずかしか、またはほとんどまったく家臣の忠言に従わず、一同からきわめて畏敬《いけい》されていた。酒を飲まず、食を節し、人の取扱いにはきわめて率直で、自らの見解に尊大であった。

彼は日本のすべての王侯を軽蔑《けいべつ》し、下僚に対するように肩の上から彼らに話をした。そして人々は彼に絶対君主に対するように服従した。彼は戦運が己れに背いても心気広闊《こうかつ》、忍耐強かった。彼は善《よ》き理性と明晰《めいせき》な判断力を有し、神《カミ》および仏《ホトケ》のいっさいの礼拝、尊崇、ならびにあらゆる異教的占卜《せんぼく》や迷信的慣習の軽蔑者であった。形だけは当初法華宗に属しているような態度を示したが、顕位に就いて後は尊大にすべての偶像を見下げ、若干の点、禅宗の見解に従い、霊魂の不滅、来世の賞罰などはないと見なした。彼は自邸においてきわめて清潔であり、自己のあらゆることをすこぶる丹念に仕上げ、対談の際、遷延《せんえん》することや、だらだらした前置きを嫌い、ごく卑賤の家来とも親しく話をした。彼が格別愛好したのは著名な茶の湯《チャノユ》の器、良馬、刀剣、鷹狩りであり、目前で身分の高い者も低い者も裸体で相撲《ルタール》をとらせることをはなはだ好んだ。何ぴとも武器を携えて彼の前に罷《まか》り出ることを許さなかった。彼は少しく憂鬱《ゆううつ》な面影を有し、困難な企てに着手するに当ってははなはだ大胆不敵で、万事において人々は彼の言葉に服従した」(一五六九年六月一日付の書簡)『完訳フロイス日本史(2)織田信長篇(Ⅱ)信長とフロイス』松田毅一・川崎桃太訳、中央公論新社、二〇〇〇。p.100-101

※**ルイス・フロイス**　一五三二〜一五九七。ポルトガルのイエズス会宣教師。日本伝道のため一五六三（永禄六）年に来日。日本副管区長から『日本史』の編述を命ぜられる。秀吉の伴天連《バテレン》追放令の後マカオに退去したが再び来日し、長崎で没。三十五年間布教し、信長との会見は十八回に及んだ。

91○豊臣秀吉

「その部屋は縦十三畳、横四畳の広さがあり、樹木や鳥が黄金をもって描かれており、関白は奥の上座に坐し、絶大な威厳と貫禄を示していた。

副管区長が入室し、最初の室の入口においてただちに関白に向かい屈伸して敬礼した。副管区長に続き、他の司祭たちが一人一人同じように身をかがめて敬礼しながら進んで行くと、キリシタンの秘書（安威五左衛門シモン。訳者注）が声高々とおのおのの伴天連《バテレン》につき誰で何と呼ぶかを関白に披露した。先と同じ順序で我らは身を起し、後方に退いて入口近くに着席した。

関白はあたかもはるかな聖幕屋《タベルナクロ》にあるがごとく、がんらいあまり見栄えのせぬその容貌《ようぼう》の特徴は我らの席からは辛うじて識別できるほどであった。間もなく関白は我らに対し、自室にすぐ隣接した部屋に入るようにと命じ、我らがそこに席を移すと、諸侯らをその部屋の片側にある廊下に退かせ、(高山。訳者補)ジュスト右近には、汝はキリシタンだから伴天連の近くに来るがよいと言い、彼だけは我らとともに同室するよう命令した。関白は、異教徒の諸侯らの前で右近に我らのことを話したが、こうしたことは関白の右近に対する特別な好意であった。

ほどなく種々の果実を盛った黄金色の高い足付きの盆《バンテージャ》のようなものが二つ運ばれ、司祭らの前に差し出され、司祭らはそのおのおのから果実を一つずつ手に取った。

やがて関白は自席から立ち上がり、副管区長(コエリュ。訳者注)師のすぐ近くまで来て坐ったが、両人の間には畳半分ほどの隔《へだ》たりもなかった。彼はおもむろに司祭に語りかけ、幾つか自身が行なおうと決心していることを打ち明けた。同席の日本人たちは誰も皆、彼がこれほど打ちとけた態度を伴天連に示している様子に接し、関白の性分から稀有《けう》のことと驚嘆した。彼はその時通訳をしていたルイス・フロイス師にすぐ着目し、彼と信長時代の五畿内での昔話をゆるゆる始めた。また彼は、伴天連らがひたすらにその教えを伝え弘《ひろ》めようと望んで、母国から遠く隔たったこの日本に滞在している心ばえを賞讃し、それを何度か繰り返した。それから以下のように語った。予も伴天連らが一つのことに専心しているように、すでに最高の地位に達し、日本全国を帰服せしめたうえに、もはや領国も金も銀もこれ以上獲得しようとは思わぬし、その他何ものも欲しくない。ただ予の名声と権勢を死後に伝えしめることを望むのみである」（一五八六年十月十七日下関発信）『完訳フロイス日本史（4）豊臣秀吉篇（Ⅰ）秀吉の天下統一と高山右近の追放』松田毅一・川崎桃太訳、中央公論新社、二〇〇〇。p.98-99

※ルイス・フロイス　一五三二〜一五九七。ポルトガルのイエズス会宣教師。日本伝道のため一五六三（永禄六）年に来日。日本副管区長から『日本史』の編述を命ぜられる。秀吉の伴天連追放令の後マカオに退去したが再び来日し、長崎で没。三十五年間布教し、信長・秀吉ら多くの戦国武将と会見した。

92○一休

「私が強くひかれた人物は一休宗純（一三九四〜一四八一年）ですね。私はもともと禅について研究したこともなければ、一休のことをとくに勉強したわけでもありませんが、ただ一休の肖像画を見て、不思議に個性のある肖像画だと思ったのです。たいていの禅宗の高僧の絵だったら、いかにも立派な人間だったろうとか、厳しい人間だったろうとか、そういう印象を受けるはずですが、一休の肖像はご存じのようになましくて、生きている人間と変わらないほど個性がはっきりしております。あれを見て、いったいどんな人間なのか知りたくなったのがはじまりなのです。もちろん前から一休についての童話みたいな頓智咄《とんちばなし》はいろいろ聞いたことがありましたが、しかし一休の漢詩は全然知らなかったし、伝記も詳しいことはなにも知らなかったものですから、『狂雲集』など読めば読むほどほんとに不思議な人物だと思いました。しかも、変な言い方ですけれど、ぼくは《この人を理解できた》と思った……。彼とのあいだに空白があるような感じがたちまちなくなって、彼の悩みをまったく私の悩みのように感ずるようになった……。

この経験を講演としてはじめてアメリカで発表したのですが、ぼくの講演であんなに成功したものはなかったでしょう。若い人が多く、みんな感激していました。それは私の講演がじょうずだったからじゃなく、やはり一休の悩みに不思議な普遍性があって、現代人に訴えるような力があるからなのです。彼は、偽善者を徹底的に嫌って、罵《のの》って、ある意味ではずいぶんわがままな、ある意味では不道徳な生活をしたのですが、しかし、彼の怒り、彼の憤慨は、ほんとに身をもって理解できるような気がしました。私は禅宗のことを、臨済はどうだとか、道元はどうだとか言えるような柄ではありませんが、ただ一休という人物にひかれて、まったく世界史のなかで有数の偉人だったと思うようになったのです」司馬遼太郎、ドナルド・キーン共著『日本人と日本文化』中公新書、一九七二。p.34-35

※ドナルド・キーン　一九二二〜二〇一九。アメリカの日本文学研究者。文芸評論家。ニューヨーク生まれ。コロンビア大学卒業後、ケンブリッジ大学講師を務め、一九五三（昭和二十八）年、京都大学大学院に留学。コロンビア大学名誉教授。

一九八六年に「ドナルド・キーン日本文化センター」を設立した。二〇一一年、日本国籍を取得。『日本人の西洋発見』『明治天皇』など著書多数。

93○徳川家康

「皇帝（徳川家康。編者注）の衣服は青色の光沢ある織物に銀を以《もっ》て多数の星及び半月を繍《ぬ》い出したるものにして、腰に剣を帯し、頭には帽子又は他の冠物なく、髪を組みて色紐を以て結びあり。彼は六十歳中背の老人にして、尊敬すべく愉快なる容貌《ようぼう》を有し、太子（徳川秀忠。編者注）の如く色黒からず、又彼より肥満せり。予《よ》は案内の書記官等と共に進み、通常王宮に於《お》いて我等の君なる王（ドン・フェリペ国王。編者注）に対して行う敬礼をなし、予《あらかじ》め予に対し、握手を求め、又手に接吻《せっぷん》すべからずと注意ありたれば、予が為《た》めに置かれたる椅子に接して起立せり。予は椅子に達すると共に最敬礼をなせしが、彼は之《これ》まで容貌を変ぜざりしが、少しく頭を下げ、予に対し大に好意を示して微笑し、手を挙げて着座の合図をなせり。予は復甚《また》だ低き敬礼をなし、起立していたるに、彼は再び勧めたれば坐に着けり。彼は次に帽子を被《かぶ》ることを予に命じ、而して ケレド（祈禱《きとう》文。訳者注）三唱《しこう》の時間沈黙したる後、彼は其側《そのそば》に在《あ》りし書記官二人を招き、予が来着を喜べる旨を伝え、又労苦及び不幸の為め痛心するは止《や》むを得ずと雖《いえど》も、其《その》国に来《きた》りしが故に楽しみ又心を励《た》すべし、我が君ドン・フェリペ王の予が為《ため》になすべき事は悉《ことごと》く之をなし、更に大なる事をなすべしと伝えしめたり。予は其言を聞き、又之に答うるに付《つき》起立脱帽せんとせしが、彼は之を許さざりき。予は大なる恩遇を与えたる殿下の手に接吻し、此の如く大なる国君の前に出《い》ずることは、予が経歴したる所よりも更に大なる艱苦《かんく》より恢復《かいふく》せしむる力あり、予は其宮廷に来り、予が王の宮廷に劣らざる恩遇を受けて恢復に向い、大なる満足を感ずと述べたり。暫《しばら》くして彼は再び予に対《むか》い、熟慮の上予が給養其他の為めに要する一切の品を書記官等に通知すべし、望む物は必ず之を与うべしと言えり」『ドン・ロドリゴ日本見聞録・ビスカイノ金銀島探検報告』村上直次郎訳、雄松堂書店、一九六六。p.33-34

※**ドン・ロドリゴ・デ・ビベロ・イ・ベラスコ**　一五六四〜一六三六。イスパニアの植民地長官。マニラからメキシコに向

かう途中で暴風に遭い、一六〇九（慶長十四）年七月、上総国《かずさ》夷隅《いすみ》郡岸和田に漂着。救助されて江戸・駿府・京都・大坂・豊後《ぶんご》を訪問。日本とメキシコ間貿易の斡旋を依頼されて、翌年八月に浦賀から帰国した。

94○西郷隆盛

「汽船が再び戻って来たとき、私はまた出かけて行って、もっとおもしろい人物と知りあった。小さいが炯々《けいけい》とした黒い目玉の、たくましい大男が寝台の上に横になっていた。この男の名前は島津左仲《サチユー》というのだと、おしえられた。私は、その男の片腕に刀傷があるのに気がついた。それから幾月もたってから、私は再びこの男に会ったが、その時には本名の西郷吉之助を名のっていた」『一外交官の見た明治維新（上）』坂田精一訳、岩波文庫、一九六〇。p.185。

「私たちが食事の席につくや否や、西郷が到着したとの知らせがあったので、急いで飯をかっこみ、すぐに薩摩人の別の定宿へかけつけた。前から、もしやと疑っていたのだが、西郷は、一八六五年十一月に島津左仲と称して私に紹介された男と同一人物であることがわかった。そこで、私が偽名のことを言うと、西郷は大笑いした。型のごとく挨拶《あいさつ》をかわしたあとも、この人物は甚《はなは》だ感じが鈍そうで、一向に話をしようとはせず、私もいささか持てあました。しかし、黒ダイヤのように光る大きな目玉をしているが、しゃべるときの微笑には何とも言い知れぬ親しみがあった」同書。p.226

※アーネスト・サトウ　一八四三～一九二九。イギリスの外交官。一八六二（文久二）年に来日、横浜の英領事館通訳官・江戸の公使館書記官を歴任し、イギリスを倒幕支持に転じさせることに貢献。『ジャパン・タイムズ』紙に寄稿した匿名の「英国策論」は明治維新に大きな影響を与えた。一九二七年、日本公使として再び来日。前後二十七年間滞日した。

95○明治天皇

「天皇睦仁《ムツヒト》（明治天皇。編者注）は外見上、日本人としては大柄で、恰幅《かっぷく》がよかった。筆者（ベルツ。訳者注）が識《し》っている三十年の間、かれはあまり変っていない。公式の場所に出るときは、いつもかれは軍服を着けていた。一時かれは、乗馬に熱中したが、後にはただ軍事上の機会しか、馬に乗らなかった。しかもかれは、自分の腕前を見せびらかすようなことは、全くなかったが、それというのも、もともと慎み深くて、内気に近い性質であったからである。かれは一定の機会しか皇居を離れなかった――即ち閲兵式、開会式、開通式その他の公式の祝典、旅行などの場合である。それ以外は、いつも皇居内で過ごしていたが、それも、高いへいで他の広い御苑から隔てられた、あまり大きくない庭のある、数室の小さい一廓《いっかく》に住んでいたのである。

そこが天皇にとって、いかに居心地がよかったかは、あの東京の不快極まる夏の暑さですら、そこから天皇を追出すことができなかったことでもわかる。国内の各所に、離宮や御用邸があるが、それらの一つにかれが、気晴らしのため、相当長期にわたって滞在したことは決してなかった。かれは、華美な祭典や公式の行列を好まなかった。

この点で、かれの個性は、とかく半ば神秘的な存在と見たがる日本人一般の天皇観と一致する。

天皇睦仁《ムツヒト》は、その長期にわたる治世中、絶えず有能な相談相手を側近にもつという、まれな幸運に恵まれた。しかし、かれ自身が、これらの人々を遇するにふさわしい態度をとり、一度その真価を認めると、どんなに厳しい非難や中傷があっても、その信頼をまげなかった点は、何といってもかれ自身の功績である。また、外国のもの一切を大あわてに同化しようとした時代に、かれがいつも用心深く、控え目に出た点も、かれの功績である。かれこそは疑いもなく、心からその国家と国民の繁栄を念じていた君主であった。そしてかれの生涯が、めずらしい幸運に恵まれていたように、かれの治世は、その国家にとって、まれに見る幸運の時代であった」（この一文「明治天皇をしのぶ」はベルツ逝去の前日に記された）『ベルツの日記・第二部（下）』トク・ベルツ編、菅沼龍太郎訳、岩波文庫、一九五五。p.204-205

※エルヴィン・ベルツ　一八四九～一九一三。ドイツの医学者。一八七六（明治九）年、日本政府の招聘《しょうへい》で来日。東京医学校（東京大学医学部の前身）教師となり、以後三十年間滞日して

日本の医学の発達に寄与。「日本の近代医学の父」と呼ばれた。

96○乃木希典《まれすけ》

「将軍は天皇陛下（明治天皇。編者注）に赤心《せきしん》を捧げていた。陛下の崩御《ほうぎょ》とともに、もはや生き存《なが》らう責務は終った。すなわち従容《しょうよう》として自殺して逝《ゆ》いたのだ。将軍は、日本古来の理想主義の焔《ほのお》が、西洋文明との接触によって衰え来《きた》ったのを、あるいはこの殉死《じゅんし》によって再び燃え立たしめることもできようと、胸中ひそかに思っていたのかも知れぬ。とにかく将軍の生涯は、いかなる困難も危険も問うところでない。敢然《かんぜん》身を挺《てい》して退《しりぞ》かない男児の典型として、二つとないものであった。将軍は一切《いっさい》を甘受《かんじゅ》して何らの不平もない。生を重んずるのはただ、忠義と尊敬とを集中するその対象に奉仕せんがためであった。乃木大将にとっては、天皇は日本帝国の権化《ごんげ》であり、最後に生命を天皇に捧げるのは、すなわち、日本帝国に捧げることであった。将軍既《すで》に自己の事業の終れるを感じ、疾《はや》くにも平安静寂《へいあんせいじゃく》の境に入るべきであったとして、その機会を熱望していたのである。

かくのごとき理想を抱いたかくのごとき人物が、今日《こんにち》のこの時代に現存したことは、吾人《ごじん》西洋の生活に育てられたものの愕《おどろ》かずにはいられないことである。偉大な人傑《じんけつ》の生れ出て、位人臣《くらいじんしん》を極《きわ》めたり、大望を達したりすることはある。しかしその影には、何処《どこ》となく自己中心思想の潜在することが多い。偉大なる愛国者の興起することもある。しかし満身ただ忠誠、個人的存在を没却《ぼっきゃく》して、純理想主義に立脚する点において、近世誰《たれ》あってこの日本の古武士乃木大将に匹儔《ひっちゅう》することができよう。古代ギリシアの勃興期《ぼっこうき》においては、こうした人傑の輩出《はいしゅつ》したこともある。しかしそれは全く環境を異にした時代の人々であったのだ。

我が乃木大将は、その後半生を近代産業国の怱忙熱鬧《そうぼうねっとう》の中に過した。その間に処して将軍は徹頭徹尾《てっとうてつび》変ることなき、古《いにしえ》のスパルタ人であった。文明の産出する最善のものは、採《と》ってこれを用いることができた。しかしいかなる国家的栄誉も、個人的私望も、祖先の樹立した古の武士道を服膺《ふくよう》する、その鉄石《てっせき》の精神を動揺《どうよう》さすことはできなかった。日本古来の理想主義は、深く将軍の胸底に燃えて、絶えて焰の細《ほそ》ることがなかった。生きては純真忠誠、ひたすら天皇と祖国とに対する責務の一念を貫き、死してもまた純真忠誠、『土うすき磽地《いしじ》に落す』べからざる教訓の種を遺《のこ》した。吾人西洋に生れ、齷齪《あくせく》としてただ財宝と地位と名聞《めいぶん》とを追求して止《や》まぬ間にも、しばらく退《しりぞ》いて、かくのごとき人物によって表現せらるる所以《ゆえん》の道を思うべきである。日本帝国よりすれば、国民的理想の復興であり、諸外国よりすればまた、個人的生活の上衣をかなぐり捨て、全生命を捧げて、世のため国のために奉公の義を全《まっと》うせんと志し、その志を達すれば欣然《きんぜん》として死に就《つ》くことのできる人物の、現今の世にもなお存在する所以を悟《さと》るべき、一大刺戟《しげき》となるのである」『乃木大将と日本人』目黒真澄訳、講談社学術文庫、一九八〇。p.93-95

※スタンレー・ウォシュバン　一八七八〜一九五〇。アメリカの新聞記者。日露戦争中、一九〇四（明治三十七）年〜〇五年に『シカゴ・ニューズ』紙特派員として日本陸軍第三軍に従軍し、旅順と奉天の乃木を取材。また、第一次世界大戦ではロシア軍に従軍した。

97○徳川慶喜

「訪問客の中でも最も著名な人物は前将軍徳川（慶喜《よしのぶ》。訳者注）公爵であった。（中略）

彼が失脚する寸前、三十歳の時の彼を覚えているが、徳川公爵は私が今まで会った人物の中でも際立って立派で上品な風貌《ふうぼう》を備えた人であった。しかも、それだけではなかった。彼は極めて人好きのする優雅な態度と魅力的な物腰を備えていた。背は高くなかったが、非常に均整がとれていた。顔立ちは彫りが深く、口も歯も非の打ちどころがなかった。顔色は明るいオリーブ色で、その手も脚も彫刻家のモデルにしたいほど優美であった。彼がほほえむと、顔全体が明るくなった。年をとった現在でも、彼の立派な外見はほとんど変わらず、その魅力はすべてそのまま残っていた。

我々が初めて将軍に謁見した日のことを、昨日のことのように良く覚えている。それは堂々とした建築物である大坂城で行われた。ハリー・パークス公使とサトウ氏と私は迷路のような廊下を通って、美しい装飾を施した大きな畳敷きの部屋へ案内された。テーブルを囲んで椅子《いす》が並べられてあり、そこに将軍の顧問官である御老中《ゴロージュウ》と我々が座ったが、一つだけ席が空いていた。突然、貴人の入場を告げる合図の息を吸う音が建物や廊下で聞こえた。だんだんにその音が近くなり、ついに襖《ふすま》が両側に開かれると、そこにはほんの一、二秒の間であったが、威厳のある姿がじっと動かずに彫刻のように立っていた。我々が立ち上がって礼をすると、将軍は微笑して優雅に礼を返し、我々に座るよう手まねで合図して空いていた椅子に座った。

流血なしでは済まされなかったさまざまな策謀を経て、この偉大なる帝国の支配者となり、事実上の国王であった彼は、一転して反逆者として取り扱われ、後になって許されて再び天皇のご愛顧を賜《たま》わるようになったのである。徳川公爵ほど栄枯盛衰の波瀾《はらん》に満ちた人生を経験した人は他にまずいないだろう。

数日後、アーサー殿下の昼食会に招かれた彼と再び会ったので、その時かなり長い話をした。私の名前が変わったので（筆者ミットフォードは男爵となり、この時リーズデイル卿を名乗っていた。編者注）、最初、彼は私が誰だか分からなかったようであったが、説明すると私のことを思い出して、極めて打ち解けた態度で話を始めた。『あなたと大坂で会った時から思うと、世の中は随分変わりましたね』というのが彼の最初の言葉であった。本当に大きく変わったものだ。

最後に彼を見た時のことを覚えている。それは伏見の戦いの後で、戦いに敗れた将軍が、大坂へ馬に乗って戻ってくるところであった。彼は護衛の武士たちに囲まれて、兜《かぶと》をかぶり、面頰《めんぽお》をつけ、日本の古式豊かな鎧《よろい》を着て、軍勢の先頭に立っていた。それは決して忘れることのできない絵のような光景であったが、その日は歴史の上で運命の分かれ道となった日であったのである。

彼が帰る時、私は玄関まで送っていった。馬車が待っていたが、彼は供の者も連れずにただ一人それに乗って帰っていった。昔はあらゆる者がひざまずいてお辞儀をする中を、槍持《やりも》ちや弓手や大勢の家来たちを従えて威風堂々と華やかな行列を進めるのが常であったのに、今やただ一人の供も連れていない。しかし、彼は今でも偉大な人物である。将軍職は廃止されたが、徳川家の最長老である彼は現在でも重要な貴族である。あの波瀾に満ちた時代に、彼自身でさえも時代遅れで、見せかけだけで、とても支えきれないと思っていた栄光ある地位についていた頃に比べれば、現在の落ち着いた老いの日々は、より幸せではあるまいか」（明治三十九年二月二十一日の記述）

『ミットフォード日本日記――英国貴族の見た明治』長岡祥三訳、講談社学術文庫、二〇〇一。p.47-51

※アルジャーノン・バートラム・フリーマン・ミットフォード

一八三七〜一九一六。イギリスの外交官・著述家。英国公使館書記官として一八六六（慶応二）年に来日。一八七三年まで六年間余り、幕府および明治新政府との外交折衝に奔走した。一九〇六年、英国国王から明治天皇へガーター勲章を捧呈する使節団の随員として三十数年ぶりに来日。

98○伊藤博文

「伊藤博文は普通、その追悼文のなかで、日本の最も偉大な政治家の一人であったと称《たた》えられている。しかし、このような見方は、故人にとって正しいものではない。最も偉大なうちの一人ではなく、かれこそは、その国で比肩するもののない、最大の政治家なのである。（中略）

かれは天性目立たない、落着いた人柄であった。かれが、高位高官の金ピカ服を身につけるのは、本当に止《や》むを得ない場合だけで、すぐさまそれを、くつろいだ和服か背広に着替えてしまうのであった。事実、かれの幾多の言動から、かれが外見的なもの一さいに無とんじゃくであったことは、疑う余地がない。それなればこそ、自国や諸外国から数多く受けた名誉表彰も、かれの人柄には何ら影響を及ぼさなかった。侯爵としての伊藤も、個人的な交際では、筆者（ベルツ。編者注）が三十年前に初めて識《し》ったときの平民伊藤と全く同じで、素朴な、いつも機嫌のよい人物であった。しかも、かれはこの幸せな気質、その平静さを、どんな場合にも決して失うことはなかった。日清戦争最中の、責任の重い日々であろうと、日露開戦前の、苦悩に満ちた交渉時代であろうと、あるいはまた官職を離れた当時であろうと、かれはいつ会っても、まるで心配を知らない人間のように、微笑をたたえて、冗談をとばすのであった。

かれは酒と、女と、タバコを好んだ。しかもかれは、あえてそれを隠そうとはしなかった。かれはいった――一たい君たちは、わしにどうしろというのだ？　日々のめんどうな政務をおえた後で、頭ががんがんするとき、しゃちこ張った召使よりも、きれいな『芸者《ゲイシャ》』の手から傾ける晩酌は、わしにとって、はるかにうまいではないか――と」「伊藤博文をしのぶ」『ベルツの日記・第二部（下）』トク・ベルツ編、菅沼

龍太郎訳、岩波文庫、一九五五。p.199-201

※エルヴィン・ベルツ　一八四九〜一九一三。ドイツの医学者。一八七六（明治九）年、日本政府の招聘《しょうへい》で来日。東京医学校（東京大学医学部の前身）教師となり、以後三十年間滞日して日本の医学の発達に寄与。「日本の近代医学の父」と呼ばれた。

99○新渡戸稲造

「武士道についてのこの小著述（英文で書かれ、アメリカでロングセラーとなった新渡戸の著書『武士道』のこと。編者注）は、アングロ・サクソン国民への重要なるメッセージたるにとどまらない。それはこの世紀の最大問題、すなわち東洋と西洋との調和と一致の解決に対する著しき寄与である。古来多くの文明があったが、来たるべきより善《よ》き世界においては文明は一《いちじる》つであろう。既に東洋《オリエント》ならびに西洋《オクシデント》という語は、お互いの無智と侮辱の一切の積荷と共に過去のものとならんとしつつある。アジアの

智慧《ちえ》ならびに集団主義と欧米の精力ならびに個人主義との有力なる中間項として、日本は既に不撓《ふとう》の力をもって働きつつある

古今の学に通じ、世界文学の教養を有する新渡戸博士は、この点において素晴しく適材適所たるを示している。博士は真の執成者《とりなししゃ》であり調和者である」グリフィス「緒言」新渡戸稲造著『武士道』所収、矢内原忠雄訳、岩波書店、一九九一。p.22-23

※ウィリアム・エリオット・グリフィス　一八四三〜一九二八。アメリカの教育家。一八七〇（明治三）年に福井藩の招きで来日、のち大学南校で修身・理学などを教えた。一八七四年帰国。日本について十数冊の書を著した。

100○六代目尾上菊五郎

「飛行機を使わずに、八十日で世界を一周して見せるという、パリの或《あ》る大新聞相手の賭旅行の途次、一九三六年五月十六日、ジャン・コクトーは神戸に上陸。京都、横

浜に小休止の後、東京へ来た。彼の東京滞在の五日の間、僕は帝国ホテルに同宿、専《もっぱ》ら案内役をつとめた。

神戸の波止場でコクトーは、石けり遊びの輪をチョークで歩道に描いている小娘を見て、『北斎の花押《かきはん》にも劣らぬ完全な円周にそれがなっているには驚いた。出来ればこの円をそのままパリへ土産に持参したい』と、その新聞へ送った記事にかいている。

（中略）

滞京の四日目、アメリカへ出発する前夜、コクトーはＮＨＫから『日本への挨拶《あいさつ》』を、ラジオに托《たく》したが、その中で、『私は一昨日、歌舞伎座で〈鏡獅子〉を見物しましたが、あなた方の名優六代目菊五郎、あれは神職です。出囃《でばやし》の音曲《おんぎょく》と、彼の典麗な所作が作り出す神々しい礼拝のあの気持は、西欧で神秘劇と呼んでいるあの宗教劇などとは、似ても似つかぬもの、菊五郎の所作は舞台の上の宗教神事の高さだと私は申上げます、長いくせに退屈の全然感じられないあの舞踊、あの見事さを、私は一生忘れ得まいと思います』云々。

コクトーは忘れなかった、十年後に彼が製作し、ルイ・デリュック賞まで受けた映画の傑作『美女と野獣』の構想は、あのとき歌舞伎座で、旅の行きずりに見て行った

『鏡獅子』に、その発想を得たものだと、後に種あかしをしている」（堀口大学著『秋黄昏』より）『堀口大学全集（第六巻）』小澤書店、一九八二。p.571

「上手《かみて》の襖《ふすま》が開き、観衆の喝采とともに菊五郎が登場する。彼は若い娘の役に扮している。侍や女官たちがためらう彼を舞台の中央へと押しやる。彼は臆病《おくびょう》さに駆り立てられる。舞台袖へと彼が人々を引きずっていくと、皆はもう一度彼を押し出し、踊るようにと懇願する。『彼』か、あるいは『彼女』か？　やはり『彼女』と言うべきであろう。でっぷりとしてやや重たげなこの五十男には、優美な若い娘以外の何ものも残ってはいないのである。（中略）

長くはあっても冗長ではないこの舞踊だけでも私たちの旅の価値はあった。これを見るだけのためにでも私はこの旅を試みたであろう」（コクトー著『八十日間世界一周』の一節）西川正也著『コクトー、1936年の日本を歩く』中央公論新社、二〇〇四。p.52

※ジャン・コクトー　一八八九〜一九六三。フランスの詩人・劇作家・小説家。のちには映画監督や画家としても名を馳《は》せた

二十世紀フランスを代表する前衛芸術家。現代日本でも人気のあるカルティエ三連リングも、じつはコクトーのデザインである事実に、彼の多才多能ぶりがしのばれる。

101〇藤野先生

「《私の講義、ノートが取れますか？》とかれは訊ねた。

《どうにか》

《見せてごらん》

私は筆記したノートをさし出した。かれは受けとって、一両日して返してくれた。そして、今後は毎週もってきて見せるようにと言った。持ち帰って開いてみて、私はびっくりした。同時にある種の困惑と感激に襲われた。私のノートは、はじめから終りまで全部朱筆で添削してあり、たくさんの抜けたところを書き加えただけでなく、文法の誤りまでことごとく訂正してあった。このことがかれの担任の骨学、血管学、

神経学の授業全部にわたってつづけられた。（中略）

だがなぜか私は、今でもよくかれのことを思い出す。わが師と仰ぐ人のなかで、かれはもっとも私を感激させ、もっとも私を励ましてくれたひとりだ。私はよく考える。かれが私に熱烈な期待をかけ、辛抱づよく教えてくれたこと、それは小さくいえば中国のためである。中国に新しい医学の生まれることを期待したのだ。大きくいえば学術のためである。新しい医学が中国に伝わることを期待したのだ。私の眼から見て、また私の心において、かれは偉大な人格である。その姓名を知る人がよし少いにせよ。

かれが手を加えたノートを私は三冊の厚い本にとじ、永久に記念するつもりで大切にしまっておいた。不幸にも七年前、引っ越しの途中で本の箱がひとつこわれ、なかの書物が半分なくなり、あいにくこのノートも失われた。探すように運送屋を督促したが返事がなかった。ただかれの写真だけは今でも北京のわが寓居の東の壁に、机のむかいに掛けてある。夜ごと仕事に倦んでなまけたくなるとき、顔をあげて灯のもとに色の黒い、痩せたかれの顔が、いまにも節をつけた口調で語り出しそうなのを見ると、たちまち良心がよびもどされ、勇気も加わる。そこで一服たばこを吸って、『正人君子』たちから忌みきらわれる文章を書きつぐことになる」「藤野先生」（一九二六

年十月十二日の作)『魯迅文集(第二巻)』竹内好訳、筑摩書房、一九七六。p.150-154

※魯迅 一八八一〜一九三六。近代中国の文学者。一九〇二(明治三十五)年から一九〇九年まで留学生として前後七年間滞日。その間に仙台の医学専門学校で藤野厳九郎から医学を教わった。『狂人日記』『阿Q正伝』などの小説で知られる。晩年には日本語による作品を日本の刊行物にも寄稿した。

102○戦後世代の日本人

「日本は、たしかに多くの困難かつ複雑な問題をかかえているのであるが、しかもなお、われわれが漠たる未来に瞳《ひとみ》をこらすとき、日本の前途にはやはり明るさがあることは争えない。世界の他の諸国の前途と比べるとき、とくにその感がふかいのである。事実、狭い島国に膨大な人口がひしめいてはいる。しかし、それでもなお日本国民の急速な生活水準の向上を、今後において疑問視しなければならぬ根拠はないのである。

先進工業国がすべてそうであるように、日本もさまざまな新しい難問題に逢着《ほうちゃく》するわけであるが、日本国民がそれを適切に処理してゆけないなどと疑わねばならぬ理由は見当たらない。戦後、日本の政治には激動があった。だがしかし日本国民は、比較的安定した有効な民主制度を保有していることを実証してきたし、それをさらに成長させるべく、彼らが努力をつづけてゆくであろうことは期待できるのである。このように明るい希望を確信をもって託することのできる国は、日本以外にはまことに少ないのである。

けだし、今日の日本において最も明るい希望をいだかせるものは、その若者たちであろう。彼らは立派な教育を受け、活力にあふれ、前向きの考えをもち、偏見がなく、かつ過去の感情的・心理的圧迫から完全に解放されている。ついで日本の明るい希望は、その活気にみちた文化である。近代化が進むにつれて、工業化やその他近代化にともなうもろもろの事柄が、自国の伝統的文化を抹殺するのではないかという懸念は、日本にかぎらず多くの非西欧諸国に共通してもたれている。事実、工業化の初期にはしばしば伝統的文化が破壊されることがあった。ところが、非西欧諸国のどれよりもはるかに工業化の度合いの進んでいる日本の場合、これが正反対の現象となってあらわれているようである。たしかに日本の前近代文化は、その多くを見捨てられまたは大きく変化させられてきた。しかし、それは欧米先進諸国の前近代文化におこった変《へん》貌《ぼう》よりも大規模であったとは考えられない。外国文化の導入によって文化を豊かにする一方、日本は、その伝統的特色の中に新しい文化の活力を再発見した。工業化され近代化された日本は、今後もひきつづきそのきわめて特徴的な文化的系統、すなわち日本文化を近代世界に活《い》かしつづけてゆくと期待されるし、また二十世紀後半における世界の文化に、とくに芸術部門において、すでに異常なまでに大きな貢献をなしつつあるように思われる」『日本――過去と現在――』鈴木重吉訳、時事通信社、一九六七。p.328-329

※エドウィン・オールドファザー・ライシャワー 一九一〇～一九九〇。米国の日本研究家・外交官。ハーバード大学教授、米国駐日大使。東京生まれ。一九六一年ケネディ大統領に懇望されて駐日大使に就任、すぐれた調整役を果たし、また六〇年代の欧米の日本研究に多大の影響を与えた。

「あとがき」に代えて

1

ペリーの来航は、鎖国中の日本に、大きな衝撃をあたえました。これを機に、二百六十五年続いた江戸幕府は瓦解し、あわただしく誕生した明治政府は、国を挙げて欧米文化の摂取に邁進しました。日本人は浮き足立って西洋にあこがれ、自国を忘れてかなたを仰ぎ見るばかりでした。ちょん髷は断たれ、和装は洋装に変わり、武士はなにより大事な刀を棄てました。即席の紳士淑女が慣れぬワルツに右往左往したのも、この頃です。日本の人口は、およそ三千四百万人ほどでした。

明治四年に、不平等条約撤廃のため使節団員として渡米した木戸孝允は、こんなことを書いています。

「米人はかえってよくわが国の国情を解し、わが国の風俗を知る。しかるに、当時留学の生徒たちも、わが国の本来の所以を深く理解せず、容易に米人の風俗を軽々しく慕い、いまだに自国の自立する所以を知らず」『木戸孝允日記』（現代文風に改めました。編者）

木戸の苦々しいしかめっ面が目に見えるようです。浮かれていたのは、留学生だけではありません。ほとんどの日本人が、まばゆい西洋産に飛びつき、古い自国産を惜しげもなく棄てました。

多くの来日外国人が、この豹変にあきれ、日本の将来を気づかいました。それは、彼らが古来の日本文化を高く評価していたためでした。

明治九年に来日したフランスの美術品収集家ギメも、その一人でした。

「日本はあまりにも急いで、その力と幸を生み出してきたいろいろな風俗、習慣、制度、思想さえも一掃しようとしている。日本は恐らく自分たちのを見なおすときがくるだろう。私は日本のためにそう願っている」（本書13）

心ある西欧人は、日本の西欧化を危惧していたのです。

イギリス人チェンバレンは、こう書いています。

「日本が、(明治維新を敢行しようとして。編者補) かくも多くの新思想と新制度をまるごと呑みこむ能力を、外国人たちはしばしば呆然として驚き眺めるのみであった。彼らは日本の変容を皮相と断じ、西欧式への転向が、はたして永続するかどうかを疑った」(本書6)

日本は、従来のまま変わらずにいてほしいというのが、多くの来日西欧人の願いでした。せっかく、これまで西欧にまさる独自のすぐれた文化を築いてきたのに、それを、十把ひとからげに西欧化し、低俗に替えてしまうのを見るのは残念だというのが、彼らの感慨でした。

ギメはまた、こんなことも書いています。さきほどの引用の前文です。

「教育を受けた日本人が、自分の国で認めている信仰を恥に思うのは、奇妙なことである。

日本がヨーロッパの思想に関心を寄せるようになったとき、先駆的役割を果たした日本人は、私の考えでは、うわべだけをみて劣等感に陥いるという誤りを犯したのだ。確かに彼らは、まだ蒸気を使用した工場も理工科学校 (フランスを代表する一七九四年創設の理工科教育機関。編者注) も持っていなかった。しかし何とすばらしいものを彼らは持っていたのか。それらを理由なく放棄しているのだ」

ギメはおそらく、日本が遅れているのは、煎じ詰めれば、黒船に一端が見られるイギリス発祥の産業革命の成果だけであり、その他の点では、総じてヨーロッパよりすぐれているじゃないか、と言いたかったように思えます。

西欧への心酔は、けっきょく日本を悪くするだけではないかという疑念は、けっして来日西欧人の少数意見だったわけではありません。

初代アメリカ総領事ハリスの秘書兼通訳として、幕末の五年間を下田や江戸ですごしたヒュースケンの危惧も、そのひとつです。

「いまや私がいとしさを覚えはじめている国よ、この進歩はほんとうに進歩なのか？この進歩はほんとうにお前のための進歩なのか？ この国の人々の質樸《しつぼく》な習俗とともに、その飾り気のなさを私は賛美する。この国土のゆたかさを見、いたるところに満ちている子供たちの愉しい笑声を聞き、そしてどこにも悲惨なものを見いだすことができなかった私には、おお、神よ、この幸福な情景がいまや終わりを迎えようとしており、西洋の人々が彼らの重大な悪徳をもちこもうとしているように思われてならないのである」（『ヒュースケン日本日記』青木枝朗訳、岩波文庫）

他方、幕末の日本をあとにして、パリで江戸期最後の二年間をすごした渋沢栄一は、こう語っています。

「バンクの経営とか、商工業の組織とか云ふものの細密なる様子は分りませんけれども、既に概況を眼にも見、耳にも聞いて、成程国家の富強と云ふものは、かくの如く物質上の事物が進歩発展しなければいけないものだと云うだけは分った。さりながら精神上の事はまだ矢張り東洋が宜しいと私は信じておった」（『渋沢栄一伝記資料』第一巻、渋沢青淵記念財団竜門社編）

極東のか弱い島国は、今後、どういう道を歩むのか。このまま西欧の荒波に飲み込まれてしまうのか――それは、『学問のすゝめ』を書いて「自主独立」を国民に訴えた福沢諭吉だけでなく、欧米を知る少数の日本人、そして日本を愛する来日西欧人に、共通の懸念でした。

幕末日本の国情を国際的な視野で知る立場にあったイギリスの駐日公使オールコックは、すでに幕末期に、つぎのように指摘していました。これは、日本文化の特質を考えるうえで、はなはだ示唆的であったように思われます。

「周知のごとく、日本人は（多くの点から見て根本的に異なっている）近隣の国民から、征服による圧迫もないのに、その全道徳・倫理体系とともに、国語と文学を、かれらじしんのものとして採用した。それでいて、受容した文明と、張り合う文明と、はっきりした国民性と、力強く発達した独立の精神とをもっている。こういう国民は、日本人だけだ」(本書40)

もうひとつ。開国後の、西洋化進行中の日本で、明治六年から明治四十四年まで、四十年近くをすごしたイギリスの日本研究家チェンバレンの見立てを引用しておきます。チェンバレンは、西欧人が日本の西欧化を危惧しているのは日本人を誤解しているからだと主張し、この誤解は西欧人が次の二点を理解していないから起こるのだとして、こう書いています。

「一つは日本人の性格の芯《しん》の強さであり、この特殊な民族は古くから学問教育を連綿として続けており、新しい光り(西洋文明の意。編者注)に直面しても眼が眩《くら》むようなことはなかったのである。第二の点は、歴史上の数多くの事例を一つ加えることになるのだが、偉大なる歴史上の変化というものは、決して一朝一夕に起るものではない。そして、過去にしっかりと根をはっている国民のみが、将来において花を咲かせ、果実を結ぶことを期待できるのである。このことを、日本の場合も立証している」

（本書6）

オールコックやチェンバレンの見立ては、正しかったのでしょうか。

日本人は、どういう国民なのでしょうか。

日本とは、日本文化とは……、と日本の歴史を回顧しつつ、引用文を多用して考えてみたいと思います。

2

ペリー来航の衝撃を経験した福沢諭吉は、わが国の永い歴史を俯瞰し、その著『文明論之概略』（明治八年刊）に、こう書いています。

「嘉永年中米人渡来、次で西洋諸国と通信貿易の条約を結ぶに及《およん》で、我国の人民始《はじめ》て西洋あるを知り、彼我の文明の有様を比較して大に異別あるを知り、一時に耳目を驚かして恰も人心の騒乱を生じたるが如し。因《もと》より我二千五百年の間、世の治乱興廃に由《よっ》て人を驚かしたることなきに非ずと雖《いへ》ども、深く人心の内部を犯して之を感動せしめたるものは、上古、儒仏の教を支那より伝へたるの一事を初と為し、其後は特に輓《ばん》近《きん》の外交を以て最とす」

日本史上最大の衝撃は、支那と西洋諸国からおのおの異文化を受容したことであった、と福沢はいうのです。

儒教と仏教の受容は、六世紀に、漢字を介して行なわれましたので、ここでは漢字の移入を中心に考えてみます。

漢字の移入が本格的に始まったのは、おおまかに見て、儒教や仏教の伝来と同時期か、それよりすこし前と思われます。

日本人が一致して用いた文字は、漢字が最初だったと見てよいでしょう。

日本人は、持ち帰った漢字を素材にして、新たに日本独自の万葉仮名をつくりました。

万葉仮名は、日本語を表記するために、漢字を、おもに日本語の音をあらわすものとして用いたわが国独特の表記法です。表意文字である漢字の一字一字を、そのほとんどを、字義とは関係なく表音文字として日本語の音節表記のために用いたので、ここに、本来の漢字の文章とはまったく異なる、わが国独特の表記法が誕生したわけです。そもそも中国語の文法は、日本語の文法とは語順も違いますし、また、日本語とは異なり、「て、に、を、は」のような助詞もありませんから、万葉仮名は、文字こそ漢字を用いたものの、中国語とは異なる、日本古来の日本語の文法にのっとった、日本人の思いがそのまま表記できる画期的な方法だったわけで、それは換骨奪胎の域をはるかに超える発明でした。

現存するわが国最古の歌集である『万葉集』は、この万葉仮名で表記されています。

たとえば、山上憶良《やまのうえのおくら》の有名な一首も、万葉仮名で、

「銀母《しろかねも》　金母玉母《くがねもたまも》　奈尓世武尓《なにせむに》　麻佐礼留多可良《まされるたから》　古尓斯迦米夜母《こにしかめやも》」

と記されています。

あえて現代風に書きかえるなら、「銀《しろかね》も　金《くがね》も玉も　なにせむに　まされる宝　子にしかめやも」です。

「銀《しろかね》」「金《くがね》」「玉《たま》」こそ、漢字の意味を採った訓読みが用いられているものの、それ以外の「奈尓世武尓《なにせむに》」以下は、すべての漢字が一字一音をあらわす表音文字として表現されています。中国語では用いられることのない助詞が、「…も、…も、…も、…も」とくりかえされて、効果的な響きがつくり出され、現在も国民に愛されている日本独自の五・七調のリズムがすでに以前から確立されていたことも、この歌は教えてくれます。

そして、なにより大事なことは、現在に生きる日本人のだれもが、およそ一三〇〇年後のいまもなお、奈良時代初期の作者の感慨に深い共感を覚えずにはいられないことです。

山上憶良（六六〇〜七三三？）は、遣唐使の随員として七〇一年に唐に渡り、儒教や仏教や老荘思想を学んで帰国した役人でした。異文化の衝撃を全身で体験し、帰国後、二十年の歳月をかけて、飢えや老いや死に苦しむ無名の人びとのなかにあって異文化を咀嚼し、普遍的な日本の歌へと昇華させた異例の歌人でした。

異例といえば、四千五百余首もの、天皇、貴族から農民、防人に至るさまざまな階層の人びとの歌が、おなじように尊重されて収められた『万葉集』という歌集が、七世紀後半から八世紀後半にかけて編纂されたこと自体が、世界に例のないことで、日本の国柄を、日本文化の特質を、なによりもはっきりと明示しています。

平安時代にはいると、万葉仮名の一部または全部を簡略化したりくずしたりしてカタカナとひらがながつくられ、漢字という表意文字と、カタカナ・ひらがなという表音文字が混在する、特異な文体が用いられるようになりました。日本人の発想に柔軟に対応できるその特性は、高度に彫琢されて、『枕草子』や『源氏物語』のような、漢文では表わし得ない、日本人らしい感性を結実させたすぐれた女流文学が生み出されました。

江戸時代にはいると、大槻玄沢が『蘭学階梯』(一七八八年刊)でオランダ語の文字を紹介したのをきっかけに、横書き文字の存在が知られ、明治期には日本語の横書き表記も用いられるようになりました。

明治期にはまた、欧米産の新しい概念やモノを日本語として表記するために、従来の漢字を活かした新語(「経済」や「時間」や「愛情」など)がつくられ、また、日本製の漢字(「峠」や「畑」や「働」など)も新たに数多く創出されました。それらの日本製の漢字のなかには、たとえば簡体字以前の「中華人民共和国」の「人民」「共和国」のように、海外で用いられるようになったものも多く、現代中国語の熟語もその七〇パーセントが日本由来であるといわれています。

漢字移入の衝撃を機に始まった日本語表記の工夫は、このようにさまざまな創意を経て現在に至るわけですが、この長いプロセスを見渡しますと、そこには、明確に、イギリス人チェンバレンが見抜いていた「日本人の性格の芯の強さ」や、オールコックが指摘していた「力強く発達した独立の精神」と「はっきりした国民性」と「受容した文明に張り合う文明」が、強く貫いている様が見て取れるように思われます。

3

島崎藤村は、大正二年に、こんなことを書いています。

「『欧羅巴へ来て見て、かえって自分の国の方に種々なものを見つけますね。自分の国の好いところを思うようになりますね。』

こういう話が当地（パリ）に在留する人々の間によく出ます」（「巴里の旅窓にて」『藤村文明論集』岩波文庫）

日本人たちは、パリの空の下で、遠い母国に思いをはせていたのでしょう。「それにつけても私は種々なことを想い浮べます」と藤村は言い、こうつづけます。

「西洋の文明が入って来るようになってから、吾儕《われら》日本人はむやみと摸倣を事とするかのごとく言われ、吾儕自らまで時には無定見な国民のように思惟します。けれども吾儕の摸倣性はやがて吾儕の柔軟性を証するのではありますまいか。摸倣そのものは、そこに一種の独創を産もうとするものではありますまいか。私はまた近頃斯様《こん》な疑問に逢着《ほうちゃく》しています。吾儕は非常に飽きやすい国民のように自ら考えて、朝には何を迎え晩には何を迎えるということがよく言われるけれども、かく吾儕が飽きやすいのは一体何のためでしょうか。西洋から新しく入って来たものは万事が合理的であっても、長い間には存外《ぞんがい》見飽きのするような物が多いのではありますまいかと。明治以前のことを想像して見るに吾儕の先祖がそんなに物に飽きやすい人たちであったとは、奈何《どう》しても私には思われません」

連綿と引き継がれてきた日本人の芯の強さを、藤村は疑うことができなかったのでしょう。

夏目漱石はまた、明治三十五年に、ロンドンから、こんな手紙を夫人に書き送っています。

「当地には桜といふものなく春になつても物足らぬ心地に候《そうろう》。かつ大抵は無風流なる事物と人間のみにて雅《みやび》と申す趣《おもむき》も無之《これなく》、文明がかくの如きものならば野蛮の方がかへつて面白く候。鉄道の音滊車の烟馬車の響脳病などある人は一日も倫敦《ロンドン》には住みがたかるべきかと思はれ候。日本に帰りての第一の楽みは蕎麦を食ひ日本米を食ひ日本服をきて日のあたる椽側《えんがわ》に寐ころんで庭でも見る。これが願に候。それから野原へ出て蝶々やげんげんを見るのが楽《たのしみ》に候」(「明治三十五年四月十七日付書簡」『漱石書簡

集』岩波文庫）

げんげんとは、春になると田んぼやあぜ道で愛らしい彩りを楽しませてくれるレンゲのことかと私は憶測していますが、それが正しいのかどうかわかりません。

いずれにせよ、ロンドンから帰った漱石が、江戸っ子気質の若者と老女中の純情を描いた小説『坊っちゃん』や野趣あふれる『草枕』を書き、パリからもどった藤村が、木曾の山奥から幕末の意味を問うた長編小説『夜明け前』を著わしたのも、日本人の由来を、日本人のアイデンティティーを、根底から読みなおすためだったのでしょう。二人の文学者に、滞欧の経験がなかったならば、これらの作品は生まれなかったはずです。

明治末から大正期にかけて、維新の騒乱が一段落した頃から、日本人もようやく、自分たちは本来どういう国民だったのか、と自分探しを始めたように思われます。「文明がかくの如きものならば野蛮の方がかへつて面白く候」と書いた漱石の帰国後の楽しみが、日本古来の庶民の習慣を味わうことや、野原の蝶や野草を眺めることであったように、日本人は、万葉の昔から、階層の違いを超えて、身近な花を愛でてきた国民でした。

幕末に二度来日したイギリスの園芸家フォーチュンは、こんなことを書いていました。

「馬で郊外の小ぢんまりした住居や農家や小屋の傍《かたわ》らを通り過ぎると、家の前に日本人好みの草花を少しばかり植え込んだ小庭をつくっている。日本人の国民性のいちじるしい特色は、下層階級でもみな生来の花好きであるということだ。気晴らしにしじゅう好きな植物を少し育てて、無上の楽しみにしている。もしも花を愛する国民性が、人間の文化生活の高さを証明するものとすれば、日本の低い層の人びとは、イギリスの同じ階級の人達に較べると、ずっと優《まさ》って見える」(本書77)

花を愛でて楽しむ庶民の習慣は、西洋人にとっては大きな驚きでした。

「外国人は日本に数ケ月いた上で、徐々に次のようなことに気がつき始める。即ち彼は日本人にすべてを教える気でいたのであるが、驚くことには、また残念ながら、自分の国で人道の名に於て道徳的教訓の重荷になっている善徳や品性を、日本人は生れながらに持っているらしいことである。衣服の簡素、家庭の整理、周囲の清潔、自然及びすべての自然物に対する愛、あっさりして魅力に富む芸術、挙動の礼儀正しさ、他人の感情に就いての思いやり……これ等は恵まれた階級の人々ばかりでなく、最も

貧しい人々も持っている特質である」（本書2）

こう書いたのは、明治十年にアメリカから生物学を教えに来たモースでした。

とくに来日西洋人を驚かせたのは、庶民の識字率の高さでした。

日本が世界に類なく識字率の高い国であったことは、はやくからヨーロッパにも知られていました。「住民の大部分は、読むことも書くこともできる」とザビエルから知らされたローマのイエズス会士たちは、「そんな国がほんとうに実在するのか」と皆がいちように驚き、顔を見合わせたにちがいありません。

「大変心の善い国民で、交わり且つ学ぶことを好む」と記されたザビエルのこの十六世紀なかばの第一報は、その後の数々の日本見聞記にも見られる日本人評や日本文化評の、いわば原型といってもよい内容でした。

「日本人は学ぶことを好む」というザビエルの指摘は、たとえば、幕末の下田港で、吉田松陰らの死を賭した知識欲に驚嘆したペリーの、つぎの推察に一直線に繋がっています。

「日本人の志向がかくの如くであるとすれば、この興味ある国の前途は何と味のあるものであることか、又附言すれば、その前途は何と有望であることか！」（本書11）

国民の知識欲こそが国の基《もとい》であると、ペリーは確信していたのでしょう。

ペリーの日本評で、注目すべき点は、ちょん髷の人びとに接した時点で、彼がはやくも現在の日本の姿を見通していたことです。

「日本人が一度文明世界の過去及び現在の技能を所有したならば、強力な競争者として、将来の機械工業の成功を目指す競争に加わるだろう」（本書25）

と、ペリーは予言していました。当時の日本人は、おそらくだれひとり、こんなことを言われても信じなかったでしょうが、その後、ただちに心を入れ替えた江戸幕府や明治政府が、貧しい財政事情をも顧みず、かつての遣隋使や遣唐使のようにアメリカやヨーロッパに使節団を派遣しつづけ、工業立国の礎《いしずえ》を築いたことも、思い出されます。

日本人の特質のひとつは、自国と異なる他国のさまざまな文化を拒むことなく積極的に取り込み、時間をかけて咀嚼し、自国の新たな文化へと昇華させる能力であると思われます。山や海や大樹をあがめていた私たちが、宗教の違いを超えて、秋の収穫を感謝し、クリスマスを祝い、ハロウィンに興じ、除夜の鐘に聴き入り、初詣に赴いて、暮らしを豊かにしているのも、その一例ではないでしょうか。

日本人のこういう旺盛な創造力を支えてきた礎は、自然を仰ぐ感性や美意識であり、寺子屋などにより連綿とつちかわれてきた識字率の高さや知識欲、そして精励であったと思います。

最後に、夏目漱石の呼びかけを引用して、結びとします。

「英人は天下一の強国と思えり。仏人も天下一の強国と思えり。独乙《ドイツ》人もしか思えり。彼らは過去に歴史あることを忘れつつあるなり。羅馬《ローマ》は亡びたり。希臘《ギリシア》も亡びたり。今の英国・仏国・独乙は亡ぶるの期なきか。日本は過去において比較的に満足なる歴史を有したり。比較的に満足なる現在を有しつつあり。未来は如何《いかが》あるべきか。自ら得意になる勿《なか》れ。自ら棄る勿れ。黙々として牛の如くせよ。孜々《しし》として鶏の如くせよ。内を虚にして大呼《たいこ》する勿れ。真面目に考えよ。誠実に語れ。摯実《しじつ》に行え。汝《なんじ》の現今に播《ま》く種は、やがて汝の収むべき未来となって現わるべし」（「明治三十四年三月二十一日付ロンドン留学日記」『漱石日記』岩波文庫）

村岡正明

出典一覧（原則として掲載順）

1 ●**フランシスコ・デ・サビエル**『聖フランシスコ・デ・サビエル書簡抄（下）』アルーペ神父・井上郁二訳、岩波文庫、一九四九

2 8 18 42 69 82 ●**エドワード・シルヴェスター・モース**『日本その日その日（1）（2）（3）』石川欣一訳、平凡社東洋文庫、一九七〇～一九七一

3 ●**ラインホルト・ヴェルナー**『エルベ号艦長幕末記』金森誠也・安藤勉訳、新人物往来社、一九九〇

4 ●**ニコライ（俗名イワン・ヂミートリエヴィチ・カサートキン）**『ニコライの見た幕末日本』中村健之介訳、講談社学術文庫、一九七九

5 86 ●**ハインリッヒ・シュリーマン**『シュリーマン旅行記――清国・日本』石井和子訳、講談社学術文庫、一九九八

78 75 65 53 28 6 ●バジル・ホール・チェンバレン『日本事物誌（1）（2）』高梨健吉訳、平凡社東洋文庫、一九六九

40 27 7 ●ラザフォード・オールコック『大君の都（上）（下）』山口光朔訳、岩波文庫、一九六二

68 9 ●ルイス・フロイス『ヨーロッパ文化と日本文化』岡田章雄訳注、岩波文庫、一九九一

10 ●エドウィン・O・ライシャワー『ザ・ジャパニーズ』國弘正雄訳、文藝春秋、一九七九

25 11 ●マチウ・カルブレイス・ペリー『ペルリ提督日本遠征記（四）』フランシス・L・ホークス編、土屋喬雄・玉城肇訳、岩波文庫、一九五五

52 12 ●ラファエル・ケーベル『ケーベル博士随筆集』久保勉訳編、岩波文庫、一九二八

46 19 13 ●エミール・ギメ、フェリックス・レガメ『ギメ東京日光散策・レガメ日本素描紀行』青木啓輔訳、雄松堂出版、一九八三

14 ●フランシスコ・ディアス・コバルビアス『ディアス・コバルビアス日本旅行記』大垣貴志郎・坂東省次訳、雄松堂出版、一九八三

15 ●イザベラ・バード『日本奥地紀行』高梨健吉訳、平凡社東洋文庫、一九七三

16●ワシーリイ・ミハイロヴィッチ・ゴロウニン『日本俘虜実記（上）』徳力真太郎訳、講談社学術文庫、一九八四
76 64 17●エルヴィン・ベルツ『ベルツの日記・第一部（上）』トク・ベルツ編、菅沼龍太郎訳、岩波文庫、一九五一
35 20●エドモン・コトー『ボンジュール・ジャポン――青い目の見た文明開化』幸田礼雅訳、新評論、一九九二
38 21●ラビンドラナート・タゴール『タゴール著作集（第十巻）』「日本紀行」森本達雄訳、第三文明社、一九八七
22●アート・スミス『日記から』佐々木弦雄訳編、新橋堂、一九一六
79 72 36 23●メアリー・クロファード・フレイザー『英国公使夫人の見た明治日本』横山俊夫訳、淡交社、一九八八
59 24●ノエル・ヌエット『東京のシルエット』酒井傳六訳、法政大学出版局、一九五四
61 31 26●ハーバート・ジョージ・ポンティング『英国人写真家の見た明治日本』長岡祥三訳、講談社学術文庫、二〇〇五
44 29●エドワード・シルヴェスター・モース『日本人の住まい』齋藤正二・藤本周一訳、八坂書房、一九九一

81 30 ●**ファン・オーフルメール・フィッセル**『日本風俗備考（2）』庄司三男・沼田次郎訳、平凡社東洋文庫、一九七八

37 32 ●**フィンセント・ウィレム・ファン・ゴッホ**『ゴッホの手紙（中）（テオドル宛）』J・V・ゴッホ―ボンゲル編、硲伊之助訳、岩波文庫、一九六一

88 60 33 ●**ブルーノ・タウト**『日本――タウトの日記――1933年、1934年』篠田英雄訳、岩波書店、一九七五

34 ●**太田雄三**『クラークの一年――札幌農学校初代教頭の日本体験』昭和堂、一九七九

39 ●**アリス・マベル・ベーコン**『華族女学校教師の見た明治日本の内側』久野明子訳、中央公論社、一九九四

41 ●**ジェイムス・カーチス・ヘボン**『ヘボンの手紙』高谷道男編訳、有隣堂、一九七六

43 ●**リチャード・ゴードン・スミス**『ゴードン・スミスのニッポン仰天日記』荒俣宏・大橋悦子訳、小学館、一九九三

45 ●**市原豊太**『言霊の幸ふ国』神社新報社、一九八六

47 ●**ポール・クローデル**『朝日の中の黒い鳥』内藤高訳、講談社学術文庫、一九八八

89 74 54 48 ●エライザ・ルアマー・シッドモア『日本・人力車旅情』恩地光夫訳、有隣新書、一九八六

49 ●ロベール・ギラン『Japon, troisième grand』村岡正明抄訳

50 ●ラフカディオ・ハーン『小泉八雲作品集（5）』平井呈一訳、恒文社、一九六四

51 ●アドルフ・フィッシャー『100年前の日本文化――オーストリア芸術史家の見た明治中期の日本』金森誠也・安藤勉訳、中央公論社、一九九四

56 55 ●エリアノーラ・メアリー・ダヌタン『ベルギー公使夫人の明治日記』長岡祥三訳、中央公論社、一九九二

57 ●ヒュー・コータッツィ『ある英国外交官の明治維新――ミットフォードの回想――』中須賀哲朗訳、中央公論社、一九八六

77 58 ●ロバート・フォーチュン『幕末日本探訪記・江戸と北京』三宅馨訳、講談社学術文庫、一九九七

62 ●リッダー・ホイセン・ファン・カッテンディーケ『長崎海軍伝習所の日々』水田信利訳、平凡社東洋文庫、一九六四

63 ●ルイ・フランソワ・モーリス・デュバール『おはなさんの恋――横浜弁天通り1875年』村岡正明訳、有隣堂、一九九一

66●**ドナルド・キーン**『碧い眼の太郎冠者』(原文日本語)、中公文庫、一九七六

67●**ヴェンセスラウ・ジョゼ・デ・ソーザ・モラエス**『おヨネとコハル』岡村多希子訳、彩流社一九八九

70●**エドワード・ワーレン・クラーク**『日本滞在記』飯田宏訳、講談社、一九六七

71●**ヘンリー・スペンサー・パーマー**『黎明期の日本からの手紙』樋口次郎訳、筑摩書房、一九八二

73●**ルドルフ・リンダウ**『スイス領事の見た幕末日本』森本英夫訳、新人物往来社、一九八六

80 94●**アーネスト・サトウ**『一外交官の見た明治維新(上)』坂田精一訳、岩波文庫、一九六〇

83●**エドゥアルド・スエンソン**『江戸幕末滞在記——若き海軍士官の見た日本』長島要一訳、講談社学術文庫、二〇〇三

84●**郁達夫**「支那人の見た日本人」、『外国人の見た日本・4』唐木順三編所収、魚返善雄訳、筑摩書房、一九六一

85●**バーナード・リーチ**『バーナード・リーチ日本絵日記』柳宗悦訳・水尾比呂志補訳、講談社学術文庫、二〇〇二

87 97●**アルジャーノン・バートラム・フリーマン・ミットフォード**『ミットフォード

日本日記――英国貴族の見た明治』長岡祥三訳、講談社学術文庫、二〇〇一

90●**ルイス・フロイス**『完訳フロイス日本史（2）織田信長篇（Ⅱ）信長とフロイス』松田毅一・川崎桃太訳、中央公論新社、二〇〇〇

91●**ルイス・フロイス**『完訳フロイス日本史（4）豊臣秀吉篇（Ⅰ）秀吉の天下統一と高山右近の追放』松田毅一・川崎桃太訳、中央公論新社、二〇〇〇

92●**ドナルド・キーン、司馬遼太郎**『日本人と日本文化』中公新書、一九七二

93●**ドン・ロドリゴ・デ・ビベロ・イ・ベラスコ**『ドン・ロドリゴ日本見聞録・ビスカイノ金銀島探検報告』村上直次郎訳、雄松堂書店、一九六六

95 98●**エルヴィン・ベルツ**『ベルツの日記・第二部（下）』トク・ベルツ編、菅沼龍太郎訳、岩波文庫、一九五五

96●**スタンレー・ウォシュバン**『乃木大将と日本人』目黒真澄訳、講談社学術文庫、一九八〇

99●**ウィリアム・エリオット・グリフィス**「緒言」、新渡戸稲造著『武士道』所収、矢内原忠雄訳、岩波書店、一九九一

100●**堀口大学**『堀口大学全集（第六巻）』、小澤書店、一九八二

100●**西川正也**『コクトー、1936年の日本を歩く』中央公論新社、二〇〇四

101●**魯迅**「藤野先生」『魯迅文集（第二巻）』竹内好訳、筑摩書房、一九七六

102●エドウィン・O・ライシャワー『日本——過去と現在——』鈴木重吉訳、時事通信社、一九六七

【凡例―表記基準と原典表現尊重】

一、旧字体は原則として新字体に改めました。

一、送り仮名はすべて原典訳文のままですが、歴史的仮名づかいは現代仮名づかいに改めています。

一、原著者注は（　）で示し、翻訳版の訳文にある注は（…。訳者注）、本書編者の付した注は（…。編者注）、前後の文章を補うために（…。編者補）と表記しました。

一、ルビ（ふりがな）は、基本的に原典の付け方を尊重しましたが、今日的な読者の感覚から多すぎると判断される場合は省き、漢字判読を容易にする必要性があると考えられる場合は補足しています。

一、本書に再録された文章の中には、現在の人権意識や平等理念などに照らして不適切と考えられる語句・表現もありますが、歴史資料的価値を尊重し、古典史料性を損なわないために、あえて原典のまま掲載しています。

単行本　平成十九年十月「日本絶賛語録」改訂改題　小学館刊

産経NF文庫

来日外国人が驚いた日本絶賛語録

二〇一九年七月二十日　第一刷発行

著　者　村岡正明

発行者　皆川豪志

発行・発売　株式会社　潮書房光人新社

〒100-8077　東京都千代田区大手町一-七-二

電話／〇三-六二八一-九八九一(代)

印刷・製本　凸版印刷株式会社

定価はカバーに表示してあります
乱丁・落丁のものはお取りかえ
致します。本文は中性紙を使用

ISBN978-4-7698-7013-5　C0195

http://www.kojinsha.co.jp

産経NF文庫の既刊本

中国人が死んでも認めない 捏造だらけの中国史

黄 文雄

真実を知れば、日本人はもう騙されない！中国の歴史とは巨大な嘘！中華文明の歴史が嘘をつくり、その嘘がまた歴史をつくる無限のループこそが、中国の主張する「中国史の正体」なのである。だから、一つ嘘を認めれば、歴史を誇る「中国」は足もとから崩れることになる。

定価〈本体800円＋税〉 ISBN978-4-7698-7007-4

神武天皇はたしかに存在した 神話と伝承を訪ねて

産経新聞取材班

（神武東征という）長旅があって初めて、天照大御神の孫のニニギノミコトを地上界での祖とする皇室は大和に至り、天皇と名乗って「天の下治らしめしき」ことができたのである。東征は、皇室制度のある現代日本を生んだ偉業、そう言っても過言ではない。（序章より）

定価〈本体810円＋税〉 ISBN978-4-7698-7008-1

日本に自衛隊がいてよかった 自衛隊の東日本大震災

桜林美佐

平成23年3月11日、日本を襲った未曾有の大震災——被災地に入った著者が見たものは、甚大な被害の模様とすべてをなげうって救助活動にあたる自衛隊員の姿だった。自分たちでなんでもこなす頼もしい集団の闘いの記録、みんな泣いた自衛隊ノンフィクション。

定価〈本体760円＋税〉 ISBN 978-4-7698-7009-8

産経NF文庫の既刊本

全体主義と闘った男 河合栄治郎
湯浅 博

自由の気概をもって生き、右にも左にも怯まなかった日本人がいた！ 河合は戦前、マルクス主義の痛烈な批判者であり、軍部が台頭すると、ファシズムを果敢に批判した。河合人脈は戦後、論壇を牛耳る進歩的文化人と対峙する。安倍首相がSNSで紹介、購入した一冊 **定価〈本体860円＋税〉**

ISBN978-4-7698-7010-4

子供たちに伝えたい 日本の戦争 1894〜1945年
あのとき なぜ戦ったのか
皿木喜久

あなたは知っていますか？ 子や孫に教えられますか？ 日本が戦った本当の理由を。日清、日露、米英との戦い…日本は自国を守るために必死に戦った。自国を貶める史観を離れ、「日本の戦争」を真摯に、公平に見ることが大切です。本書はその一助になる〝教科書〟です。 **定価〈本体810円＋税〉**

ISBN978-4-7698-7011-1

「令和」を生きる人に知ってほしい 日本の「戦後」
皿木喜久

なぜ平成の子供たちに知らせなかったのか……GHQの占領政策、東京裁判、日米安保——これまで戦勝国による歴史観の押しつけから目をそむけてこなかったか。「敗戦国」のくびきから真に解き放たれるために「戦後」を清算、歴史的事実に真正面から向き合う。 **定価〈本体790円＋税〉**

ISBN978-4-7698-7012-8